本书受科技部国家高端智库研究联合体重大研究课题“高质量背景下的区域创新布局与政策研究”（编号：ZKLH202104）的资助

GAOZHILIANG FAZHAN
BEIJINGXIA DE
QUYU CHUANGXIN BUJU JI
ZHENGCE YANJIU

高质量发展背景下的区域创新布局及政策研究

刘冬梅　巨文忠　玄兆辉 等　编著

科学技术文献出版社
SCIENTIFIC AND TECHNICAL DOCUMENTATION PRESS
·北京·

图书在版编目（CIP）数据

高质量发展背景下的区域创新布局及政策研究 / 刘冬梅等编著. —北京：科学技术文献出版社，2022. 10（2024. 1重印）

ISBN 978-7-5189-9682-7

Ⅰ. ①高… Ⅱ. ①刘… Ⅲ. ①区域经济—国家创新系统—研究—中国 Ⅳ. ① F127

中国版本图书馆 CIP 数据核字（2022）第 191368 号

高质量发展背景下的区域创新布局及政策研究

策划编辑：张 闫　　责任编辑：李 鑫　　责任校对：王瑞瑞　　责任出版：张志平

出 版 者　科学技术文献出版社
地　　址　北京市复兴路15号　邮编 100038
编 务 部　（010）58882938，58882087（传真）
发 行 部　（010）58882868，58882870（传真）
邮 购 部　（010）58882873
官方网址　www.stdp.com.cn
发 行 者　科学技术文献出版社发行　全国各地新华书店经销
印 刷 者　北京虎彩文化传播有限公司
版　　次　2022 年 10 月第 1 版　2024 年 1 月第 2 次印刷
开　　本　710 × 1000　1/16
字　　数　142千
印　　张　10
书　　号　ISBN 978-7-5189-9682-7
定　　价　39.00元

《高质量发展背景下的区域创新布局及政策研究》编写组

组　　长　刘冬梅

副 组 长　巨文忠　玄兆辉

主要执笔人　赵成伟　张淑慧　王伟楠　陈　钰
于　良　王罗汉　冉美丽　张志娟
杨朝峰　刘小丹　周　力　强彬彬
孙新章　姚　娜　贾国伟　刘维佳

前 言

2019年，习近平总书记在《推动形成优势互补高质量发展的区域经济布局》一文中指出："我国幅员辽阔、人口众多，各地区自然资源禀赋差别之大在世界上是少有的，统筹区域发展从来都是一个重大问题。""新形势下促进区域协调发展，总的思路是：按照客观经济规律调整完善区域政策体系，发挥各地区比较优势，促进各类要素合理流动和高效集聚，增强创新发展动力，加快构建高质量发展的动力系统，增强中心城市和城市群等经济发展优势区域的经济和人口承载能力，增强其他地区在保障粮食安全、生态安全、边疆安全等方面的功能，形成优势互补、高质量发展的区域经济布局。"2021年，习近平总书记在"科技三会"上进一步指出："各地区要立足自身优势，结合产业发展需求，科学合理布局科技创新。要支持有条件的地方建设综合性国家科学中心或区域科技创新中心，使之成为世界科学前沿领域和新兴产业技术创新、全球科技创新要素的汇聚地。"习近平总书记高屋建瓴、思想深邃，为高质量发展背景下区域创新布局的战略与政策指明了方向。新时期，完善区域创新布局，是构建高效能国家创新体系和区域创新体系，加快建设科技强国，实现高水平科技自立自强的一项重要战略任务。

本书立足新发展阶段，贯彻新发展理念，构建新发展格局，从科技创新的角度深入研究高质量发展背景下，推动我国区域发展的新思路、新路径，提出优化区域科技资源布局、推动区域高质量发展、促进区域发展的平衡性和协调性、支撑创新型国家建设、实现高水平科技自立自强。本书对区域创新体系、区域创新布局等理论问题进行了探讨，研究了发达国家区域科技创新布局的主要做法，分析了我国区域创新布局的现状和问题，提出了区域创新定位和布局的政策建议，研究提出了区域创新布局差异化政策思路，重点研究了创新型城市建设、国家高新区建设、创新驱动国家可持续发展的布局现状与未来考虑。

本书为突出高质量发展背景下的区域创新布局现状及相关政策建议，其研究内容分为理论与政策篇和区域创新实践篇两个部分。理论与政策篇为前6章，以国内外区域创新布局相关理论为研究对象，探究区域创新布局理论的发展模式、结构特征、驱动因素及发展目标等，最后提出相关政策建议。第一章为区域创新的内在动力与发展机制分析，第二章为发达国家区域创新布局的动态及启示，第三章为我国当前区域创新布局的现状分析，第四章为新时代区域科技创新中心布局的路径选择，第五章为高质量发展背景下区域创新的定位研究，第六章为区域创新布局差异化政策研究。区域创新实践篇为后4章，以各重点区域为研究对象，从多个维度阐述了区域创新布局现状与未来考虑。第七章为重点区域协调发展政策的实证研究，第八章为创新型城市建设的布局现状与未来考虑，第九章为国家高新区建设的布局现状与未来考虑，第十章为国家可持续发展的布局现状与未来考虑。

本书是科技部国家高端智库研究联合体重大研究课题“高质量背景下的区域创新布局与政策研究”（编号：ZKLH202104）的研究成果。由中国科学技术发展战略研究院、科技部火炬高技术产业开发中心、中国21世纪议程管理中心、中国科学技术信息研究所、科技部科技评估中心组成联合课题组开展研究工作。课题组召开若干场座谈会，并先后赴浙江、宁夏、湖南、辽宁、广东、山西等地进行实地调研。与地方政府、科研院所、高校、科技服务机构、企业等，围绕科技创新、地方科技发展、创新资源空间布局等主题，进行了广泛讨论。课题组还围绕地方科技创新资源，进行了细致的数据分析。本书在研究过程中，得到政府有关部门和专家学者的指导和帮助。特别感谢科技部成果转化与区域创新司、战略规划司的指导。感谢科技部火炬高技术产业开发中心、中国21世纪议程管理中心、中国科学技术信息研究所、科技部科技评估中心等课题组成员的辛苦付出！在本书即将付梓之际，对各位领导、专家、同行表示诚挚的敬意和深深的感谢。当然，由于作者时间和水平有限，书中难免有诸多不尽如人意之处，恳请领导、专家、同行给予批评指正。

作者

2022年7月于北京

目 录

理论与政策篇 …………………………………………………… 1

第一章 区域创新的内在动力与发展机制分析 ………………… 3

第一节 区域创新体系理论发展过程 ………………………… 3
第二节 区域创新体系内涵 …………………………………… 4
第三节 区域创新体系类型 …………………………………… 6
第四节 国家创新体系与区域创新体系比较 ………………… 8

第二章 发达国家区域创新布局的动态及启示 ……………… 13

第一节 全球区域创新发展的趋势 …………………………… 13
第二节 美国“区域技术中心”计划 ………………………… 15
第三节 英国“科学城”创新计划 …………………………… 18
第四节 日本“区域创新战略支持计划” …………………… 19
第五节 德国推动东部地区创新发展的经验 ………………… 21
第六节 借鉴与启示 …………………………………………… 23

第三章 我国当前区域创新布局的现状分析 ………………… 26

第一节 区域创新的边界与内涵 ……………………………… 26
第二节 区域创新布局主要格局 ……………………………… 31
第三节 区域创新布局的主要特点 …………………………… 39

第四章 新时代区域科技创新中心布局的路径选择 …………………… 43

第一节 区域科技创新中心建设的重大意义 …………………………… 43
第二节 地区科技发展基础分析与科技创新中心选择 ………… 46
第三节 加快布局我国区域科技创新中心 ……………………………… 54

第五章 高质量发展背景下区域创新的定位研究 ……………………… 57

第一节 区域创新的空间需求 ………………………………………………… 57
第二节 我国区域创新的发展趋势 ………………………………………… 61
第三节 区域创新在不同尺度的空间形式展望……………………… 62
第四节 加强国家与区域创新协同 ………………………………………… 66

第六章 区域创新布局差异化政策研究 ……………………………………… 69

第一节 我国区域发展规划的特征 ………………………………………… 69
第二节 差异化地方创新政策 ……………………………………………… 73
第三节 完善我国区域科技政策体系……………………………………… 79

区域创新实践篇……………………………………………………………………… 83

第七章 重点区域协调发展政策的实证研究……………………………… 85

第一节 加快建设国际科技创新高地……………………………………… 85
第二节 推进建设区域协同创新体系……………………………………… 90
第三节 建设差异化创新载体 ……………………………………………… 92

第八章　创新型城市建设的布局现状与未来考虑 …………………… 97

第一节　创新型城市的国内实践与内涵 …………………………… 97
第二节　典型国际创新型城市的发展模式 ………………………… 102
第三节　推动我国创新型城市健康发展 …………………………… 108

第九章　国家高新区建设的布局现状与未来考虑 …………………… 112

第一节　总体进展 ………………………………………………… 113
第二节　空间布局与建设现状 …………………………………… 118
第三节　优化国家高新区空间布局的主要思路 ………………… 130

第十章　国家可持续发展的布局现状与未来考虑 …………………… 133

第一节　示范区建设背景 ………………………………………… 133
第二节　示范区发展现状 ………………………………………… 139
第三节　国家区域可持续发展的基本思路 ………………………… 145

参考文献 …………………………………………………………………… 147

理论与政策篇

第一章　区域创新的内在动力与发展机制分析

区域创新体系承担着把科技创新内化为区域经济增长动力的任务，对于理解区域科技创新与经济活动之间的互动关系至关重要。在区域创新布局中，区域创新体系理论有助于从系统内部主体协同和创新资源配置的角度把握区域创新布局的合理性。本章基于创新理论的演化，系统论述了区域创新体系理论发展过程、内涵和类型，并对国家创新体系与区域创新体系进行对比分析。

第一节　区域创新体系理论发展过程

美籍奥地利政治经济学家熊彼特在1912年出版的《经济发展理论》一书中[1]，首次对“创新”的概念进行了阐述，认为创新是在生产体系中引入新的生产要素，并将其与生产条件融合形成一种“新组合”的过程。在该过程中，企业家是对生产要素或生产条件进行重组的主体，通过不断引入“新组合”获取利润，推动经济增长。熊彼特企业创新理论的提出为经济增长的内生动力提供了一种新的解释，突破了经济学古典学派将人口、收入、资本、利润、地租等数量变动作为经济发展关键因素的局限性[2]。

在熊彼特企业创新理论的基础上，英国学者弗里曼在对第二次世界大战后的日本进行深度调研后，于1987年提出国家创新体系理论，认为技术赶超是超越个别技术的经济范式的转变，这依赖于国家创新体系对一国创新资源的有效集成和利用，也就是政府对技术创新的有效干预。国家制度通过促进国内公共部门和私营部门各机构之间的交互学习，扩大科技创新在一国的扩散[3]。由于不同国家在制度结构、公共部门和私营部门的构成和功能等方面存在差异，国家创新体系的运行由此体现出不同的“国别特质”。

在国家创新体系研究基础上，硅谷等地区一些产业集群的成功促使学者将地理因素纳入创新体系内涵研究。1992年，英国学者库克[4]在《区域创新体系：新欧洲的竞争规则》一文里正式提出“区域创新体系”的概念，将其定义为“在地理空间里拥有邻近性和关联性的高校、生产企业、科研机构与政府等组成的创新系统”。区域创新体系理论为解释区域创新过程和绩效奠定了基础，强调空间集聚和区域制度对创新的重要性。与国家创新体系相比，区域创新体系呈现出更多样的制度安排、更强的产业特色、更明显的企业创新性等特征，既是国家创新体系不可或缺的组成部分，也是其必要支撑部分。受地方制度框架、产业发展路径、文化等因素的影响，不同区域的创新体系呈现差异性。

由上述梳理可以看出，区域创新体系理论的发展主要沿着以下两条路线。一是硅谷等一些创新热点区域的不断涌现，推动经济地理理论与创新理论深度融合，形成区域创新理论，重点解释产生创新的区域性社会制度环境。虽然国家创新体系为创新活动提供了平台，但创新活动具有“集聚效应”，多集中于少数发达地区，这些地区的企业、高校、科研机构与政府等创新主体互动频繁，知识的本地化流动更高效。因此，创新是一种根植于本地的过程[5]，区域创新不仅受创新资源集聚的影响，也受根植于区域本地的社会环境，如规则、惯例和规范等因素的影响[6]。二是在熊彼特创新理论的基础上，创新理论进一步扩展到国家和区域等宏观层面，并运用系统研究方法，将创新视为一个进化的、非线性的和互动的过程，强调要素间的互动共生，而非要素的孤立发展。这需要企业内部各部门之间、企业之间（供应商、客户、竞争对手）、企业与其他机构（高校、研究机构、政府等）之间的密切沟通与合作。

第二节　区域创新体系内涵

区域创新体系是国家创新体系的重要组成部分，需要从构成要素、运行特征等方面分析区域创新体系的特征，从内部与外部两个方面对影响区域创新体系运行的因素及其动力机制进行阐述，从提升区域创新要素配置与运行效率，为区域创新布局研究提供理论支撑。

一、区域创新体系特征

从区域创新体系的构成看，区域创新体系由主体要素、资源要素和环境要素构成。其中，主体要素包括企业、高校、科研机构与政府等分工明确的组织，这些不同功能主体通过协同合作，在区域内形成创造、利用和转让知识、技术和新产品的创新网络。资源要素是指供创新主体使用，在创新主体内部和创新主体之间流动的资金、人才、技术、知识等要素，最终形成创新产出。另外，由于创新具有地域和社会嵌入性，创新活动融入一定的创新环境中。良好的创新环境是区域创新活动的“催化剂”，推动创新主体利用创新资源加速形成新产品、新技术、新知识等创新产出，创新环境主要包括文化、体制、机制、政策、基础设施建设等。

从区域创新体系的运行看，区域创新体系的形成不是要素间的简单堆积，而是创新主体间、主体与环境间协同发展的结果。各主体间通过正式与非正式的合作交流，推动知识流动与技术进步。同时，主体在环境作用下，实现自我适应性的调适、演化，共同增强区域创新体系的韧性。因此，区域创新的整体创新绩效不但取决于企业、研究机构、高校等创新主体的表现，还取决于它们在知识生产和传播过程中彼此间及其与制度环境间的有机协同。

基于上述分析，可以看出区域创新体系具有如下特征。

①系统性。区域创新体系是由相互联系、相互影响的要素通过非线性相互作用构成的有机整体，并非要素的简单加和与堆积。

②多样性。受区域制度环境、经济发展水平等因素制约，区域创新体系在创新主体、创新资源、创新环境等要素方面各不相同，其创新活动必然基于不同的起点、内容和发展路径。因此，区域创新体系具有明显的多元化特征，构建区域创新体系不是对其他区域的简单模仿。

③动态性。区域创新体系长期处于动态发展和演化中，在区域不同发展阶段，区域创新体系的结构与功能存在一定差异。因此，区域创新体系在不同时期的建设重点不同。

④开放性。区域创新体系是一个与全国和全球创新网络互联的开放系

统，必须不断地与外界进行物质、信息和能量的交换[7]。区域创新体系与全国、全球创新网络之间的关系是影响区域创新绩效的重要因素之一。

⑤根植性。区域创新体系根植于特定的地理空间及社会环境中，具有特定的地域空间范围和社会环境属性，特定的社会环境在一定程度上决定了知识和新技术在区域内的流动与扩散程度。

二、区域创新系统动力机制

区域创新体系的动力是指影响区域创新体系运行的要素[8]。区域创新体系的运行是一个复杂过程，是内部与外部动力要素共同交织作用的结果。外部动力要素是指存在于区域创新体系外部，诱导、驱动区域创新体系发展的因素，包括市场需求、技术变革、区域间竞争、国家创新体系引导等；内部动力要素是指存在于区域创新体系内部，影响区域创新体系形成与演化的因素，包括产业集群、地区政府推动等。

区域创新体系内部与外部动力机制的发挥，主要通过促进区域创新资源的空间聚集、创新主体的互动学习及创新主体与环境间的交互，确保区域创新体系的良好运行。一方面，创新资源的空间聚集能够降低创新主体的交易成本，加速知识和信息在系统内部主体间的流动，形成区域产学研合作网络效应；另一方面，创新主体尤其是企业在地域上的集中，能够加速竞争者的不断涌现，使区域内企业间的竞争加剧，迫使企业不断进行技术创新，获得成本优势。另外，不同创新主体的聚集不仅能够在互动中分享知识，扩大知识的产出效率，也在一定程度上促进了创新主体间的认知邻近，有利于创新主体间形成共享的社会经济环境、高度的信任及文化认同，进而促进隐性知识分享。

第三节　区域创新体系类型

根据区域创新体系的特征，本节从不同维度对区域创新体系的类型进行区分，并对各个类型区域创新体系的特征进行阐述，为在不同类型的区域创新体系中优化创新资源布局提供分类指导。

一、根据创新主体类型分类

根据区域创新体系内创新主体的差异，Asheim 等[9]将区域创新体系分为 3 类，分别是草根化区域创新体系、区域网络化创新体系、区域化的国家创新体系。①草根化区域创新体系。企业是主要创新主体，在市场需求驱动下，借助本地企业间的邻近性优势促进企业的知识学习和技术创造过程。在该类区域创新体系中，企业与产生知识的研发机构和高校等主体间的直接互动较少，因此，创新活动多偏重于应用研究。意大利艾米利亚 – 罗马涅等地区的创新体系是该类区域创新体系的典型代表。②区域网络化创新体系。政府参与度较高，通过加强创新基础设施建设、营造良好创新环境等方式，以更有计划性和网络化的方式促进区域内的公私合作[10]。该类创新体系被认为是理想的区域创新体系类型，其特点是产学研合作紧密，供需融合度较高。该类区域创新体系多出现于德国、澳大利亚和北欧国家，如德国巴登符腾堡州，大多是通过政策干预来提升区域创新合作绩效。③区域化的国家创新体系。与前两种类型不同，在区域化的国家创新体系中，由于企业主要受益于国家机构及本地高校和研究机构提供的知识，部分产业和组织基础建设与国家创新体系的融合度较高，创新活动主要受制于国家政策，侧重于基础研究，跨区域主体间的合作更加频繁，邻近性对企业本地化学习过程影响较小。例如，大型企业或政府研究机构的研发实验室集中在有规划的科技园和科学城中，通常位于高校附近，但它们与本地产业的联系十分有限（表 1–1）。

表 1–1　根据创新主体类型对区域创新体系进行分类

区域创新体系类型	主要创新主体	创新活动类型	动力因素
草根化区域创新体系	企业	应用性研究	市场需求
区域网络化创新体系	地方政府、企业、高校、科研机构	基础性研究、应用性研究	区域（产业）集群
区域化的国家创新体系	国家机构	基础性研究	国家创新体系

二、根据制约因素分类

根据制约区域创新体系运行的因素不同，区域创新体系可以分为组织薄弱式区域创新体系、碎片式区域创新体系及锁定式区域创新体系3种。①组织薄弱式区域创新体系是指区域内缺乏集体学习的参与者。一般多为欠发达的边缘地区，相关高科技产业、一流大学等创新要素在该区域是缺位的，导致几乎没有形成任何产业集群。研究表明，引入外来创新型企业等促进外部知识在本地的传播是促进该类区域创新和新生发展路径的关键。②碎片式区域创新体系是指不同创新主体间缺乏有效的沟通合作，导致产学研网络运行不畅，创新链与产业链融合有待进一步深化。对此，Isaksen等[11]提出，应该同时促进研究机构和创业孵化机构的同步发展，为产业集群发展提供必要条件。③锁定式区域创新体系是指以过时技术产业为特征的老工业区。该类区域是在煤炭、钢铁等传统行业进行渐进性创新的中心，但受可用资源减少和能源型产业衰落的约束，逐渐受到负面锁定。对此，学者提出应引入新技术对传统产业更新实现产业升级，同时引入新的相关产业，实现新产业路径的发展。

第四节　国家创新体系与区域创新体系比较

国家创新体系与区域创新体系都以创新为共同的理论逻辑起点，是围绕知识生产、转化和产业化的创新系统。这个创新系统围绕政府、高校、科研机构、企业等创新主体的融合协作而构成，以人才、资金、信息等创新要素为能量供给，由中介、融资、咨询、培训、平台等各类机构提供运行服务和资源配置，在政府所制定的一系列制度规则条件下运行。无论是国家创新体系，还是区域创新体系，在这一点上，其含义都是相同的。然而，由于政治权利、空间范围等不同，国家创新体系与区域创新体系存在一定差别。

一、国家创新体系与区域创新体系的区别

（一）范围、规模和复杂性不同

国家创新体系是由若干区域创新体系组成的。产业集群是形成区域创新

体系的核心和基础，离开产业集群谈区域创新体系，是空洞的。产业集群是由一定数量创新主体、服务型机构、创新资源等要素构成的产业在一定地理范围内的集中，具有明显的地理集聚特征。对于一个大国来讲，出于安全利益，必须建立多样化的产业集群所构成的完整的产业体系，绝不能建立在少数几个产业的聚集上。因此，对国家创新体系而言，它是多个区域创新体系的有机集合。我国拥有全球最完整的工业体系，得益于新中国成立后逐渐形成的遍布全国的产业集群，大型多样化产业集群，如环渤海的重化工业集群、长三角的制造业集群、珠三角的轻工业集群等，还有大量的能源化工基地、汽车工业基地等众多特色产业基地。这些产业集群通过产业链、创新链的竞争与合作，形成我国相较于全球更复杂而坚固的产业优势和壁垒，成为我国强大的独具特色的国家创新体系的重要组成部分。

（二）利益导向不同

国家有明确的边界和利益导向，包括军事、外交、信息、生物、粮食等安全利益导向。因此，国家创新体系承担着科技创新的“国家使命”，这决定其并非完全按市场经济效益最大化原则布局创新活动，需要中央政府面向国家重大战略需求，组建开展长期基础性研究的科技创新“国家队”，围绕关系国计民生、国家安全的领域设立明确目标，进行前瞻性布局。新中国成立后，国家在基础研究领域持续进行布局和投入，培养出陈景润、屠呦呦等大批优秀科学家。20 世纪 80 年代后期启动的 863 计划，使我国获得了人类功能基因组、水稻基因组等一大批处于国际前列的关键核心技术。相比之下，区域的利益导向在于本地经济增长、改善生态环境、提升居民健康水平、创建良好地域文化等经济社会问题。所以，区域创新体系的经济社会利益目标更突出，受到市场驱动的作用更强。因此，区域创新体系的目标主要定位在产业发展，通过强化本地优势主导产业技术能力，进行技术开发、应用及产业化等，形成支撑本地经济社会发展的特色产业。

（三）创新要素布局的战略意志不同

国家创新体系和区域创新体系，虽然都具有强大的政治动员能力和政治意志，但由于利益导向不同，两者在对不同层次的创新要素布局中体现出不同的战略意志。国家创新体系是通过发挥举国体制，整合跨行政区的国家战略科技力量，服务国家需求，体现国家战略意志的创新体系。在20世纪60年代，我国的三线建设就是典型的依靠国家力量、进行跨区域创新资源布局的例子，目前中西部大量科技型企业有相当数量都受益于当年的三线布局。

区域创新体系则是由区域内创新主体、创新基础设施、创新资源，以及本地特色的制度安排等要素构成的创新体系，服务于本地发展使命。

（四）创新体系构建的影响因素不同

国家创新体系是参与国际竞争的主体，会受技术变革、国外技术封锁、汇率、国际安全等外在因素的影响。因此，维护国家安全与利益成为国家创新体系运行的主要目标之一。

相比之下，区域创新体系所面临的环境要友好得多，主要受区位、资源、产业基础、行政关系等因素的影响。其中，由于体制问题，区域壁垒所导致的地方利益协调困难一直是我国一个很突出的问题。

二、我国国家创新体系和区域创新体系发展演变历史

新中国成立以来，我国国家创新体系和区域创新体系建设经历了3个发展历程，与“站起来”“富起来”“强起来”3个历史阶段相对应，具有一定的历史发展必然性。

（一）计划经济体制下的条块分割

自新中国成立至改革开放前，我国处于典型的计划经济时期，国防安全是重点考虑因素，科技力量和工业基础的区域布局以均衡协调主导，以产业部门为主的条条管理和以地方为主的块块管理形成我国经济体系的主要特点，可以说，我国的科技创新资源在空间布局方面是相对均衡的。但在地方经济体系中则存在央地科技、产业等资源配置相互分割的现象。这个问题到现在仍然存在，成为国家创新体系与区域创新体系的矛盾之一。

（二）市场经济条件下的区域创新崛起

改革开放后，加大地方自主权，市场机制日益成为资源配置的主要机制，地方经济迅速崛起，形成以“块状经济”为标志的大量具有地方特色的产业集群。2012年，地方财政科学技术支出第一次超过中央财政科学技术支出，标志着区域创新体系走向成熟。各地方也在不断探索符合本地产业发展

需求的各具特色的创新体系，形成以上海、北京、深圳、合肥、成都等为代表的多样化产业汇聚的创新型城市，也形成了以昆山、江阴、新昌、晋江等为代表的一大批创新型县市。

从国家创新体系角度看，由于实行国际大循环战略，受限于当时国家技术和经济发展状况，国家在很多方面弱化甚至暂缓了对许多重大战略性产业和产品的主导和布局，如大飞机研制下马、对芯片产业缺乏重视等。

（三）大国崛起时代的创新体系构建

进入 21 世纪后，我国经济实力获得巨大提高，对自主创新的需求和意识开始苏醒。2006 年，在《国家中长期科学和技术发展规划纲要（2006—2020 年）》中提出“自主创新”，用其逐渐取代依靠国外技术引进的创新方式，着眼于发挥社会主义集中力量办大事的优势，国家层面开始布局大飞机、航空母舰等一系列重大战略性产品研制。党的十八大后，随着我国经济发展由要素驱动向创新驱动转型，特别是面对以美国为代表的西方国家开始对中国进行技术领域的封锁和围堵，国家对创新体系开始深化部署。在国家创新体系建设方面，进一步强化新型举国体制，加强国家实验室、国家技术创新中心等重大科研平台建设，围绕产业链现代化需求，加强创新链布局，集中力量推动重大战略性产业发展和产品研制。

在区域创新体系建设方面，布局京津冀、长三角、粤港澳大湾区等三大国际科技创新中心，以及成渝等有全国影响力的区域科技创新中心，加强创新型城市、创新型县市建设。2021 年，习近平总书记在“科技三会”上指出，“各地区要立足自身优势，结合产业发展需求，科学合理布局科技创新。要支持有条件的地方建设综合性国家科学中心或区域科技创新中心，使之成为世界科学前沿领域和新兴产业技术创新、全球科技创新要素的汇聚地”。为未来区域创新体系建设提出了要求、指明了方向。

三、实现国家创新体系与区域创新体系的融合互动

（一）推动科技政策由供给型向注重区域创新生态建设转变

在要素与投资驱动时代，一个区域的经济活力主要依托于大量的要素投入，长期以来，我国区域科技政策以供给型政策为主，围绕产业发展，以

项目为主要抓手，引导或推动地方经济发展。在以知识为基础的创新驱动时代，创新环境更重要，创新生态成为一个区域能否获取优质资源的主要原因。国家区域科技政策应从注重供给型政策引导，向鼓励地方（区域）完善创新生态方向转变。

（二）“双循环”新发展格局下，以国家意志引导地方发展

我国在20世纪60年代实施“三线建设”的经验表明，国家战略布局在很大程度上会促进地方创新资源的聚集，对地方产业和科技发展形成深远影响。在“双循环”新发展格局下，我国可根据国家创新体系发展中面临的重大技术挑战，在技术领域具有明显竞争优势的区域，在广大中西部、东北老工业基地等地区前瞻性布局若干技术创新中心，以国家意志引导地方发展，引领创新资源向这些区域有效集聚，推动区域创新体系建设，形成“双循环”新发展战略的有力支撑。

（三）加强国家意志与地方发展相结合，有效实现央地联动

从国家利益出发，必须始终加强国家战略在全国空间的系统谋划和部署。需根据国家创新体系建设需求，明确各区域创新体系在国家创新体系中的战略定位，以差异性原则构建各具特色的区域创新体系。地方政府需要根据区域创新优势对接国家创新体系建设要求，合理设定区域创新体系的建设目标、运行模式等，承担国家创新体系赋予的任务和使命。通过央地联动、开放创新，确保国家创新体系与区域创新体系有机融合与互动，避免国家战略科技力量在区域成为“孤岛”。区域创新体系在服务于国家创新体系需求的同时，牢牢抓住国家创新体系整体效能提升带来的正外部性，促进区域经济社会快速发展。

第二章　发达国家区域创新布局的动态及启示

伴随着创新在全球经济发展中作用的日益凸显，主要发达国家均高度关注创新资源的国内布局，并辅之以配套的规划与政策。本章列举了美国、英国、日本、德国等典型国家出台的区域创新发展政策与规划，总结了其提升国家创新体系效能、解决区域发展不平衡、产业链不安全等突出问题的办法举措，其中很多做法值得我国思考与借鉴。

第一节　全球区域创新发展的趋势

当今世界正处在一个大发展、大变革、大调整的时期。以互联网为代表的新技术革命及经济全球化浪潮等多元力量作用的叠加，使“经济全球化”升级到“创新全球化”发展阶段，科技创新对经济地理分布、地区发展水平等产生了深远影响，成为区域发展的关键因素。

一、重大创新向核心“创新极点”及“创新尖峰”聚集

基于数字技术、创新平台、网络经济等的先发优势效应，全球科技创新出现大科学、大平台、大投入等趋势，重大原始创新越来越向少数核心城市聚集。在全球产业链分工背景下，没有“创新高地”和“创新尖峰”，就难以掌握创新的主动权和全球价值链分配的主导权。“区域经济一体化”不再局限于共享资源、共建平台、共同市场，而是强调通过共同打造“创新高地”和“创新尖峰”或“创新极点”。澳大利亚城市创新研究机构2thinknow，将全球创新型城市划分为4个等级：卓越全球科技创新中心、全球科技创新中心、全球科技创新枢纽和全球科技创新节点。

二、城市群成为区域协调发展的重要支撑

数字科技革命是影响地区创新变迁的重要因素，数字化导致传统的基于运输的地理因素作用在下降，加快了创新集聚和分散化的趋势，但基于社会

联结的地理邻近性作用在加强。超越行政区划、地域的限制，城市群或都市圈等区域成为代表国家参与全球经济分工和国际竞争的重要主体。随着经济全球化趋势的出现，特别是在信息技术、网络技术革命推动下向纵深发展，城市群作为独立经济单元的重要性上升，区域发展进入“超越行政区划”的新时代。根据联合国经社理事会的数据，世界范围内人口数量达 1000 万人以上的城市聚集区数量由 1975 年的 4 个增长至 2018 年的 33 个，并预计在 2030 年达到 43 个。从空间分布上看，美国东北部大西洋沿岸、日本太平洋沿岸、欧洲西北部等发达国家和地区均见证了城市群的诞生和崛起。这些城市群的发展证明：城市群是城市化发展的必然趋势和高级形态[①]。

三、创新能力差异加剧区域不平衡发展

在不考虑政府干预的前提下，科技创新具有明显的市场导向性和集聚特性，科技创新要素的差异在一定程度上会拉大地区经济差距。我国各时期科技创新能力的区域差距要大于当时的经济发展水平差距，在科技创新驱动力不断增强的发展形势下，科技创新能力的差距又成为下一个发展阶段经济发展水平区域差距扩大的原因。根据《中国区域创新能力评价报告 2021》，我国 31 个省级行政区（不含港澳台）按照创新能力可以划分为 3 个梯队。第一梯队为综合科技创新水平分值高于全国平均水平（72.44 分）的 6 个地区，包括上海、北京、广东、天津、江苏和浙江，均属于我国东部发达地区。第二梯队为综合科技创新水平分值低于全国平均水平（72.44 分），但高于 50 分的 18 个地区，包括重庆、湖北、陕西、山东、安徽、四川、福建、辽宁、湖南、江西、吉林、河北、河南、宁夏、黑龙江、山西、甘肃和广西。第三梯队为综合科技创新水平分值在 50 分以下的 7 个地区，包括贵州、海南、内蒙古、云南、青海、新疆和西藏。从报告可以看出，我国区域间创新的绝对差距在进一步变大。

---

① 仲量联行（JLL）于 2022 年 5 月发布《中国 5 强：从世界级城市到世界级城市群》白皮书。

四、增强区域发展韧性成为新趋势

美国管理咨询公司科尔尼（Kearney）认为，经济韧性是指一个城市或地区免受或应对重大经济冲击及从重大经济冲击中迅速复苏的能力。新冠肺炎疫情的全球蔓延造成全球供应链、创新链中断，尤其是全球化程度最高的科技产业供应链，进而暴露了全球贸易体系和主要经济领域的脆弱性。疫情后，全球价值链效率优先的前提被稳健性、安全性、低风险等因素替代，许多城市意识到与邻近城市建立联系的重要价值，如芝加哥周围的 7 个中西部州组建的多州联盟，用于抵御全球贸易冲击和应对自然灾害。

第二节　美国“区域技术中心”计划

2021 年 6 月 8 日，美国国会参议院通过《美国创新与竞争法案》，该法案囊括了外交事务委员会的《战略竞争法案》、商务委员会的《无尽前沿法案》等。其中,《无尽前沿法案》的一个重要立法目标是进一步加强区域创新战略的研究制定和实施，强化联邦、州、地方各级政府合力，推动政府、学术界、私营部门、经济发展组织和劳工组织的战略合作，建立若干区域技术中心，支撑解决美国区域发展和国家安全面临的重大技术挑战，塑造美国参与全球创新竞争的新优势，其主要内容及特点如下。

一、发挥政府在区域技术中心布局中的引领作用

美国商务部在区域技术中心筛选、建设标准设立、拨款支持及考核奖励等方面具有一定的自主权，通过进一步完善制度，推进区域技术中心建设，支撑区域创新战略实施，促进区域协调发展。例如，在充分考虑地域多样性和向欠发达地区倾斜的基础上，建立竞争性机制来筛选与布局区域技术中心，促进欠发达地区的经济发展；建立联邦政府对区域技术中心投资的逐步退出机制，以发挥政府科技投入对地方和私人投入的撬动作用；构建联邦、州和地方层面的合作关系，促进地区规划与国家整体区域创新战略的协同；建立报告制度，在拨款资助或合作协议结束后，区域技术中心应向商务部提

交一份区域技术中心发展报告。

二、以跨组织联合体作为区域技术中心建设的载体

鼓励政府、科研院所、企业、经济发展组织、劳工组织等建立跨组织联合体，开展新的建设性合作，将联合体作为支撑区域技术中心建设的有效载体。联合体通过促进美国国内在清洁技术、先进制造等领域相关的技术开发、商业化等，提高美国国内供应链弹性，增强美国经济、环境和能源安全。联合体应包括高等院校，联邦、州和地方政府，企业，创新组织，劳工组织，风险开发机构，金融机构和投资基金，职业技术教育学校，国家实验室、联邦实验室、制造业推广中心等联邦研究机构。

三、采用竞争性机制进行筛选与布局

商务部通过竞争程序遴选合格的联合体作为区域技术中心，在对联合体筛选时，重点考察以下几个方面：一是联合体在对国家和经济安全至关重要的技术领域内，推进技术研发和国内制造的潜力；二是通过创新共享对区域经济产生积极影响的可能性，包括增加高工资就业机会、为落后地区创造新的经济机会等；三是整合和利用国家实验室、美国制造研究所、霍林斯制造业推广合作中心及其他联邦研究机构的能力；四是与中小企业、风险开发组织等开展跨组织合作，进行新技术商业化的能力；五是是否有开展劳动力发展与技能培训、改进区域内中小学与高等院校教育的计划；六是联邦财政支持结束后，持续支撑所在区域发展的可能性。

四、竞争中考虑平衡以促进区域协调发展

区域技术中心应远离现有科技中心，在尽可能多的地区布局，重点关注在技术或创新领域具有明显竞争优势、但尚未成为领先技术中心的区域，提高区域技术中心在全美服务的地理范围。同时，确保至少一个区域技术中心设在人口较少或欠发达的州，并且该州具备从国家科学基金会“激励竞争性研究既定计划”获取资助的资格，以有效支撑包括小城市、农村等非核心、落后地区的经济发展、就业机会创造和竞争力提升，促进区域间协调发展。

五、聚焦国家创新中的交叉技术问题进行攻关

区域技术中心将围绕10个对美国国家和经济安全至关重要的关键技术领域进行攻关，包括人工智能、机器学习和软件开发，高性能计算、半导体和先进计算机硬件，量子计算和信息系统，机器自动化与先进制造，自然和人为灾害防御，先进通信技术，生物技术、医疗技术、基因组学和合成生物学，网络安全、数据存储和数据管理技术，先进能源、电池和工业效能，先进材料科学、工程学和其他重点领域。该技术清单将根据全球技术发展趋势、美国相关行业的投入情况及关键技术领域对美国应对潜在竞争与安全挑战的影响等因素，每年更新一次，但始终聚焦于10个技术领域。

六、加强跨部门协调以确保战略目标的一致性

在推动区域技术中心发展中，建立由商务部领导，教育部、小企业管理局、住房和城市发展部、社区发展金融机构基金、国家标准与技术研究院、国家经济委员会、就业与培训局、科技政策办公室、国防部、能源部、管理和预算办公室等多部门联合的机构间协调委员会，加强跨组织、部门间的合作与协调，确保各部门战略目标的一致性，为区域技术中心建设及区域战略的实施提供组织保障。例如，加强与国家标准与技术研究院的协调，增强"区域技术中心"与"霍林斯制造业扩展伙伴关系"[①]等相关战略目标的一致性，共同促进美国制造业发展；加强与能源部的协调，调整区域技术中心的创新活动和选择，确保区域技术中心内国家实验室等研究机构与能源部的工作保持一致；加强与国家科学基金会的协调，使区域技术中心与国家科学基金会在基础研究领域保持一致。

① "霍林斯制造业扩展伙伴关系"由美国国家标准与技术研究院于1988年发起，在全美设立近60家中心，该伙伴关系将为中小企业提供一系列关于促进技术应用与供应链扩张的知识与服务，主要包括供应商能力培训与供应链优化、供应商网络拓展与B2B网络构建、新技术的加速应用等，基于供应链和网络协作提高美国中小企业竞争力。

第三节　英国“科学城”创新计划①

为加强落后地区的科技创新，促进区域均衡发展，解决创新资源过度向“伦敦—剑桥—牛津”地区聚集的问题，2000年后，英国政府提出在英国北部发展“科学城”的构想，并与2005年确定将约克、纽卡斯尔、曼彻斯特、伯明翰、诺丁汉和布里斯托等6个城市作为科学城实施的主体。

一、科学城的选择依据及实施主体

英国主要从科技与产业两个方面，选定科学城。首先是确定这个城市是否拥有大学、高水平科研机构等雄厚的科技资源基础，其次是确定这个城市是否具备产业发展的能力、是否具有较好的营商环境。英国“科学城”创新计划的实施主体为地方。所在地方成立科学城管理联盟，实施地方发展基础评估，制定发展战略，吸引投资等。其中，科学城管理联盟由所在城市的地方当局、研究密集型的大学、区域发展署、产业和商业代表组成，是推进科学城建设的核心组织。

二、科学城的发展重点及举措

以纽卡斯尔科学城为例，其发展战略主要包括以下4个方面。第一，加强本地领先的能源和医药方面的科技创新能力。纽卡斯尔科学城采取的最主要措施是吸引老龄化和健康、能源保护、干细胞等领域优势企业落户。为此，纽卡斯尔建设了3个关键片区：一是在城市中心建立能源、海洋科学中心；二是以综合医院为核心，建设与人类健康相关研究总部；三是建立干细胞再生和医疗相关产业的国际生命中心。第二，加速培育创新型企业。纽卡斯尔科学城设立“创新机器（NIM）”项目，受区域发展署和欧洲区域基金资助，计划在2025年之前创建500个新企业。该项目以本地技术资源为基础，

---

① 本部分参考《英国科学城战略及其启示》一文和其他文献简化编写。袁晓辉，刘合林. 英国科学城战略及其发展启示［J］. 国际城市规划，2013（5）：58-64.

以未来为导向，确定产业发展重点。NIM 项目吸引了全球优秀企业家与纽卡斯尔研究机构开展合作，共同研发新产品，提供新服务。第三，建立分享机制。纽卡斯尔科学城通过非正式的拓展项目、网络活动、国际研讨会等正式和非正式的交流方式，促进大学、企业和公共部门之间形成紧密的网络合作关系，提高国际声誉，吸引全球人才、企业和资本。第四，提升公众科学素养。纽卡斯尔科学城从教育和社区两个方面，推动公众参与科技创新活动。在教育方面，科学城首先增加 STEM 学科的教学互动性、趣味性和实用性，并为学习 STEM 学科的青年提供职业发展机会；在社区方面，纽卡斯尔科学城专门聘请社区发展工作者团队，向社区居民传播科学知识，并定期举办宣传活动，提高公众对科学城创新活动的支持。

第四节　日本“区域创新战略支持计划”①

为增强区域经济发展的竞争力，日本政府 2011 年开始实施“区域创新战略支持计划”（以下简称“支持计划”），以培育具有持续竞争力的特色产业集群为目标，在全国范围内筛选“区域创新战略推进区域”。

一、“支持计划”的遴选机制

日本文部科学省选择“区域创新战略推进区域”的标准主要有三点：一是该区域创新战略实施的现状与潜力；二是实施计划是否能与区域创新战略有机结合，萌芽技术产业化战略是否完善，是否制定了让学生参与研究等区域创新人才培养计划；三是实施路径的可操作性。文部科学省“支持计划”实施区域主要分两类：一是 29 个已有基础的“知识集群开发事业”，根据不同特点又分为“全球型”和“城市地区型”；二是新选定的实施区域，其中 2011 年入选 13 个、2012 年入选 10 个。

① 本部分参考《以科技创新培育区域特色产业集群——日本“区域创新战略支持计划”的做法与启示》一文和其他文献简化编写。薛亮，吴颖颖. 以科技创新培育区域特色产业集群——日本“区域创新战略支持计划”的做法与启示［J］. 科技发展研究，2013，349（30）：1-8.

二、“支持计划”的资助方式

“支持计划”由中央政府、地方政府、民间资本进行资助。2012 年度预算额为 78.42 亿日元，2013 年度预算额较上一年度增长了 83.79 亿日元。其中，中央政府以补助金形式，每年为“国际竞争力强化区域”提供约 2 亿日元、为“研究功能及产业集聚提升区域”提供约 1 亿日元的资助。地方政府以配套资金的方式提供与中央政府同等甚至更多的财政支持，特别是 5 年实施期完成后，延长实施期内，地方投入要达到国家的 2 倍以上。民间资本主要包括金融机构、企业、风险投资等，主要参与科技成果产业化。

三、“支持计划”的主要内容

“支持计划”主要包括 3 个方面的内容：一是支持人才培育与集聚，主要为大学等研究机构招聘核心研究人员和培养人才，提供事业费支持；二是构筑产学研协作的知识网，“支持计划”设立协调人，挖掘整理大学等科研机构技术种子和企业需求信息，通过必要的经费资助，促进大学、企业、研发机构等的科技合作；三是支持研究机构的科研基础设施共享，“支持计划”通过补贴等方式，支持大学等研究机构将拥有的研究设备，面向区域内中小企业开放。

四、“支持计划”的评价模式

“支持计划”实施期为 5 年，在第 3 年及第 5 年，文部科学省分别对项目的实施过程和事后绩效进行评价，并根据评价结果决定项目是否变更、业务是否中止等事项。其中第 5 年被评为优秀的区域，“支持计划”可再延长 3 年。针对“全球型”评价指标包括是否形成了国际领先的产业集群、是否构筑了独立发展机制、区域扩张、国际化程度及与相关政策的契合度等内容。针对“成熟型”评价指标包括是否达到项目所定下的目标、对可持续性区域建设有无效果、对区域产生的波及效应等内容。针对“普通型”评价指标包括项目的目的、目标达成度、项目规划的妥当性、研究开发的成果、今后发展的可能性等内容。

第五节　德国推动东部地区创新发展的经验

德国非常重视落后地区的发展，特别是东部地区（原东德地区）。支持促进东部地区开展科研和科技创新活动，加强其科研和科技创新能力，是振兴东部经济发展的一项重要措施。1998 年 3 月，德国政府经济部提出了支持促进东部地区中小企业开展科研和科技创新的整套办法，把它作为推动东部经济发展，缩小德国东西部差距的重大举措。具体做法如下。

一、鼓励研发人员向东部企业流动

该计划规定，凡职工总数不超过 100 人、位于东部地区的所有具有独立法人资格的生产性企业和技术服务公司均有权提出申请新聘科技人员的工资补助，补助时间为 15 个月，补助额为相关人员总工资的一半。该计划极大地推动了东部企业招揽科技人才。截至 1995 年底，该计划共批准补助金 9080 万马克，促进企业聘用科技人员 4400 多名。

二、推动科技界与企业界合作

中小企业一般很难独立地开展研发工作，既缺技术人员又缺乏必要的资金。因此德国政府制定了一系列专门计划，以促进东部企业与科研机构共同开展研究合作。具体举措包括中小企业研究合作促进计划和东西部合作研究与开发计划。其中，东西部合作研究与开发计划旨在加强西部地区企业与东部地区研究开发机构之间的项目合作，对东部地区科研单位尽快适应市场经济环境起到了积极的作用。资助对象是承担了西部地区企业研究开发合同的东部科研单位及研究开发公司。

三、大力培养科技人才

选择合适人才的目的是建立一支素质较高又有志于科研和科技创新的中小企业科技队伍，靠它来开展研制新产品新工艺的科技创新活动，用它的科研和科技创新成果来提高东部地区的劳动生产率，提高东部企业产品的竞争力，并创造就业岗位，进而推动经济发展。东部企业的科技人员一经选上，政府和企业将为他们开展科技创新活动提供方便和支持，包括工资和科研经费。

四、公正筛选和资助科研项目

东部地区的中小企业科研项目，一旦被选上，都将受到政府有关部门的大力支持。但这些项目必须是企业当前和今后需要解决的关键性项目，或是跨部门的、对经济发展影响较大、成果能为参与企业乃至社会共享的、甚至关系到改变德国东部地区中小企业落后局面的重大科研项目。政府扶持的重点对象是那些成立不到 3 年的创新企业、工业研究机构和个人。如果这些企业、机构和个人没有合适的课题，政府会选派专家帮其根据实际需要来确立科研项目。如果有的企业、机构和个人已经有了好的课题，那么经核准后也可被列为扶持项目。

五、欧洲重建计划基金支持中小企业

欧洲重建计划的资金主要是用来加快那些要很快投入市场的科研项目、新产品和新工艺的研制及其销售进程。资助的重点依旧是东部地区的高科技中小企业，以及同它们合作的科研机构。这种资助一般不局限于某些技术领域，但通常为信息通信技术、微电子技术、新材料技术和生物技术等。这里也包括新工艺的使用、新环保技术和新能源技术项目。外国企业在德国生产新产品、新工艺的子公司，属于中小企业的，也可以获得资助。在德国东部地区，职工不超过 250 人，年营业额在 4000 万马克以内的中小高科技企业，都可以申请欧洲重建计划资金资助。

六、教育科研技术部积极扶持

一是用专项基金来支持东部中小型工业企业的科技创新活动。该部是主管科研和科技创新活动的政府机构。它所资助支持的是那些能够促进现有科研水平提高、科技状况改善的科研和科技创新项目。二是支持和资助中小企业间的合作项目。中小企业，即便是高科技中小企业，一般都无力单独承担

重大科研和科技创新项目。因此政府鼓励中小企业联合进行科研和科技创新活动，为此设立了专门基金。中小型企业在进行这种联合科研和科技创新过程中遇到了困难，都可以申请基金资助。三是大力鼓励东部地区中小企业建立科研机构。从这种机构的创建运作，直到取得可以上市的创新成果、新产品和新工艺及相关的服务等，都能获得政府主管部门的支持和资助。政府也鼓励银行等金融机构入股科研机构（但不参与经营）。新成立的科研机构，要研制具有很强竞争力的新产品和新工艺及提供相关的技术服务，其中新知识和新技术含量要保证它们在今后一个时期内具有竞争优势和良好的销路。另外，新产品和新工艺要能供其他类似中小企业使用。

第六节　借鉴与启示

发达国家面临的区域创新问题，同样也是我国遇到的问题，应在学习发达国家经验的基础上，通过建设区域创新中心、完善差异化的政策支持体系、加强分类监测评价等措施，应对我国的区域创新发展问题。

一、开展区域创新中心建设

从美国和英国的经验可以看出，建立区域创新中心或科学城是增强欠发达地区创新能力的有效举措。

一是加强区域科技创新中心的顶层设计。全面、系统部署区域科技创新中心建设，加强区域科技创新中心与国际科技创新中心、创新型省份、创新型城市、国家自主创新示范区、全面创新改革试验区等的有机衔接。建立各部委和地方政府工作机制，共同推进区域科技创新中心建设，加强跨组织部门间的合作与协调，在顶层设计、改革保障等方面实现上下联动，强化国家政策的叠加支持，高效整合更多资源支持区域科技创新中心建设。

二是开展区域科技创新中心的分类遴选与布局。根据功能尺度及创新能级进行分类，分阶段遴选与布局区域科技创新中心。目前，我国已在“核心型”区域布局了北京、上海、粤港澳大湾区三大国际科技创新中心，在“枢纽型”区域布局了成渝国家科技创新中心。下一步，将长江经济带发展、黄河流域生态保护和高质量发展、东北振兴等重大战略作为基本前提，在有一定基础的“枢纽型”“节点型”“起步型”区域开展区域科技创新中心的遴选与布局，推动全国形成网络化创新空间格局。目前已经形成了中部——武汉、西北——西安、东北——沈阳等区域创新高地，值得重点关注。

三是增强区域科技创新中心的体系化创新能力。优先支持国家实验室、综合性国家科学中心等国家重大科技创新平台在区域科技创新中心布局，集成国家重点实验室、国家技术创新中心、国家重大科技项目等创新资源进行一揽子支持，打造科技资源集聚高地。加强跨组织部门间的合作与协调，引导地方政府、科研院所、高校、企业、社会组织等建立区域科技创新中心建设联合体。

二、建立差异化区域创新政策体系

从日本的区域创新政策可以看出，差异化的区域创新政策有助于缩小区域创新差距，提高区域系统创新能力。一是分类制定区域创新政策。按照创新主体功能定位划分创新政策单元，出台促进各类区域创新发展的指导意见，分类精准施策，增强政策的针对性和有效性。二是引导区域错位发展。设立区域创新发展专项基金，制定区域智慧专业化战略工作指引，建设区域智慧专业化平台，开发区域创新发展数据库，帮助地方识别区域创新发展的优先领域、制定差异化的创新发展战略，将有限的创新资源集中于优先领域，形成创新资源高效利用和各具特色的区域创新发展格局。三是优化区域资源配置机制。强化中央和地方战略的有效对接、政策协同、资源集聚、措施衔接，进一步统筹和优化中央有关创新资源在区域层面的布局。突破创新资源流动难点，促进各类创新要素自由流动并向优势地区高校集聚。国家实验室、国家重点实验室、大科学装置等重大科技基础设施优先在国际科技创新中心布局；国家技术创新中心、国家工程研究中心优先在区域创新中心布局；国家科技成果转移转化示范区、国家可持续发展议程创新示范区、国家临床医学研究中心优先在创新型城市布局。充分发挥中央引导地方科技发展专项资金工作，引导地方创新驱动高质量发展。加强“科技创新 2030 ——重大项目”、重点研发计划等中央财政科技计划与地方重点工作的结合，进一步支持区域创新。

三、加强分类监测评价

根据区域创新功能定位、发展目标和责任使命，完善创新型省份、城市、县市监测评价指标体系，明确不同类别区域创新发展的具体指标要求，充分发挥指标体系定靶子、瞄方向、指挥棒作用，引导地方根据自身优势，走差异化创新发展道路。对创新表现好的区域，重点关注 R&D 强度、基础研究经费占 R&D 经费比重，重大原创性科技成果数量、技术合同成交额占地区 GDP 比重、高新技术企业数、战略性新兴产业增加值占 GDP 比重等指标；对于创新正在起步的区域，重点关注 R&D 强度，企业 R&D 经费支出占主营业务收入比重，企业技术引进、获取、改造经费支持占主营业务收入比重，高技术产业总产值占规模以上工业总产值比重，单位 GDP 能耗，单位 GDP 建设用地使用面积，粮食产量稳定度，空气质量优良率等指标。

第三章　我国当前区域创新布局的现状分析

近些年，我国经济增长动力更多转向创新驱动，而高质量发展、创新驱动发展战略实施和科技改革发展各项部署，最终都要落在区域上，区域是创新型国家建设的落脚点和支撑点。现阶段，摸清区域创新布局现状和特征，前瞻布局和超前部署国家科技创新力量，是我国实现科技自立自强、抢占全球科技竞争和未来发展制高点的关键。本章在辨析区域创新边界与内涵的基础上，系统梳理了区域科技创新资源布局情况，为我国区域创新政策的制定奠定了基础。

第一节　区域创新的边界与内涵

区域创新是国家创新资源布局的地域体现，是构建高效能国家创新体系的关键环节。伴随新技术的扩散渗透，全球知识网络和创新网络不断扩展，创新范式深刻变化，区域创新呈现更加网络化、开放性、协同性的多元融合特征。在构建以国内大循环为主的双循环新发展格局的大背景下，区域创新的重要性日益凸显，其整体谋划的迫切性日益突出。然而关于区域创新的范围界定、内涵等分析，仍存在一些模糊地带，直接影响着我国未来区域创新的系统布局[12]。本书尝试在辨析区域创新边界、内涵的基础上，提出新时期区域创新政策的新思路和方向，支撑国家创新体系的战略部署。

一、区域创新的地域范围正在突破物理边界

（一）区域创新的边界正跨越行政区划

区域是特定空间范围内经济、社会与生态环境要素交互耦合的综合体。国家创新体系层面对“区域创新”的地域边界一直存在争议。传统理论界定区域时，以区位为基础。一种以一定地理边界（如行政区划）形成的创新网络为范围；另一种以紧密联系的创新主体与要素集聚形成的“集群”来界定，二者均强调主体、要素在物理空间位置上的临近性。前者将区域创新界

定在一个省（自治区、直辖市）[①]、一个城市内；后者将其界定在具有特点功能的产业集群、创新集群内。这种界定仅适合一定范畴内特定局部“小区域”创新，如科技园区、高新区等的分析。

全球创新发生的深刻变化中，跨域流动融合特征最为明显，跨越行政区边界的创新活动日益频繁。从宏观层面的国家创新体系看，传统的区域边界显然缩小了“区域创新”的范围。一是世界科技与经济发展深度影响着国家创新体系建设。我国加入 WTO 已经 20 多年，北京、上海、深圳等一些典型城市作为全球知识网络、创新网络、生产网络节点，形成了“多点嵌入”之势。当前国家创新体系深度融入全球网络所面临的问题，已不再是节点问题，而是系统升级再造问题。主要在于更高质量融入全球创新链、全球价值链、全球供应链，更好提升全球位势。二是从国家创新体系自身看，跨市（县）可以在省（市）级行政区内解决，而跨越省级行政区的资源配置、科技创新合作、科研人才流动等，已超出行政区的职权范围，往往难以协调，区域创新体系构建的难点主要表现为跨省级行政区的协调与合作，特别是“块状区域”（如东北地区、西部地区）、横跨东西的“条状流域”（如长江流域、黄河流域），以及更广泛的跨区域合作（如东西部合作、南北方合作）等。三是从区域创新体系内部看，一般来说行政区内部的创新政策在范围上具有可及性、在协调上具有可操作性，国家层面将其纳入考虑范围的必要性不足。新时期聚焦于国家层面的区域创新，应跨越省级行政区范围，以“城市群”协同创新为重点，打破“行政区”边界约束。

（二）数字经济正在拓展区域创新的“软边界”

传统理论认为地理邻近是区域经济问题首先要考虑的因素，也是区域创新的重要因素。受到时间空间的限制、交通运输成本的约束，创新“腹地”需要满足地理空间上的相邻性，地理位置非常重要。当前数字技术为跨区域、远距离创新合作的兴起提供便利，空间距离不再那么重要（周麟等，2021）。数字化普遍渗透、知识全球化流动，新的信息技术将创新要素的空间距离无限拉近，区域创新不再具有明显的“硬边界”，逐渐向更广阔

① 下文简称省（区、市）。

的“软边界”扩展。在大数据、物联网、人工智能等数字技术推动下，有超过500亿个IoT设备实现全世界链接，消费互联网、工业互联网、能源互联网促使区域创新的开放特征愈加明显。

二、区域创新的内涵需厘清的关键问题

（一）区域创新不等同于“区域研发”“区域科技”

新时期创新范式由原来的基础研究—应用研究—规模化应用的线性模式，向多主体、多类型的网络化、系统化模式转变。创新政策由单纯强调研发投入、科技资源禀赋，转向创新与经济社会的系统协调（陈志，2018）。显然，区域创新活动不是简单的强调研究与试验发展（R&D）活动或者科学技术活动，这三者既有联系也有区别。

按照OECD的界定，研究与试验发展（R&D）活动、科学技术活动和创新活动的内涵和外延不同。第一，“R&D活动”范围最小。“R&D是指为了增加知识储备而在系统的基础上进行的创造性工作，包括有关人类、文化和社会的知识，以及利用这些知识储备来设计新的应用”（《弗拉斯蒂卡手册》，2010）。R&D活动包括基础研究、应用研究和实验发展。与R&D相关的活动分为科学技术活动（STA）和科技创新活动。第二，“科学技术活动”在R&D基础上扩大范围，除了包括R&D外，还包括科技教育与培训和科技服务。第三，“创新活动”包含与技术创新相关的经济活动。技术创新活动是指所有关于科学、技术、组织、金融和商业性进程的活动，包括对新知识的投资，R&D活动只是技术创新活动的一种形式。其他形式的创新还包括隐性技术和诀窍的获取、显性技术的获取、工装准备和工业工程、其他工业设计、其他资本并购、生产启动、新产品或改进产品的营销。因此，区域创新涵盖了更宽泛的范围，包含研发活动、技术创新和科技成果价值实现全过程。

区域创新模式受地域文化、经济发展等多种因素影响，其中R&D活动属于具有较强正向相关关系，但充分而非必要的条件。实践证明，区域创新模式主要有以下两种演化模式。一种是研发外溢型创新模式。以R&D活动为核心，突出科学技术驱动产生的创新成果的转化和应用，创新活动以知识外溢为主，将R&D扩展到科学技术活动及相关活动，重视技术成果的转化

应用与科普推广（《区域创新体系概论》，2020）。这种创新模式在科教资源密集的区域较为明显。一种是发展需求倒逼的创新模式。以经济发展为核心，以非研发活动为牵引，把创新主体之间互动、知识流动等纳入创新生态系统的整体。甚至借助外部资源，在创新过程的任何阶段实施必要的 R&D 活动，解决技术创新问题。这种模式通过创新弥补科技资源不足短板，非研发创新活动与 R&D 活动同样重要，一般发生在经济活动较为活跃而科技资源优势不明显的地区。后一种创新模式为 R&D 投入不高、创新要素不丰富的地区提供了创新发展新思路。

（二）区域创新不仅限于产业创新，融合创新生态至关重要

物质、能量、信息三大基础要素融合，创新链与产业链深度融合，新产业、新业态不断衍生出来。与此同时，不同产业间的渗透融合趋势明显，出现互联网 +、人工智能 +、服务 + 等多业态融合。新时期，在构建高度融合、优质互促的创新生态体系方面，国家创新体系对区域创新提出更高要求。然而，受产业集群概念的影响，谈到区域创新往往将某一产业的发展作为核心，通过强化优势主导产业技术能力，推动技术开发、应用及本地化，形成本地特色产业或特色经济。但不同产业之间的协调、产业与生态发展的协调等问题往往容易被忽视。由此，产生了不同区域“产业同质化”、高新技术产业在区域间竞争上马、争夺人才资源等现象。

不得不承认，区域创新呈现鲜明的产业发展演进特征。区域内的企业、高校院所、政策制定者、相关组织机构、基础设施等，往往以一定的行业、专业或者领域为背景，相互依存、开展联系紧密的创新活动。区域的产业发展依赖于各个不同类型知识，知识反过来跨越空间实现转移。“所有类型知识开展的经济活动都可以是创新的（《区域创新体系概论》，2020）”，这些知识既包括“高技术知识 – 低技术知识”“显性知识 – 隐性知识”，也包括分析型知识（科学驱动）、综合型知识（技术驱动、工程型）、符号型知识（创意驱动）（Martin R J et al.）。同时值得注意的是，区域创新更注重区域范围内“学术界—科研界—产业界—政府—用户”的螺旋式互动，即多主体网络化创新协作、配套组织建设和相关组织机制等创新政策，科技服务体系等创新环境。

实际上，区域是产业创新在空间上的载体，但区域创新与产业创新的政

策需求有所不同。产业创新基于相同领域的知识流动扩展，形成产业上下游、创新链前后端之间，以“纵向”“条状”为主的创新体系，强调在产业规律基础上的纵向关联性、供应链的稳定性。例如，集成电路产业中的芯片设计、芯片封装、芯片制造、芯片应用等，产业链不同环节往往分布在不同地区。区域创新则有明显的“横向”“块状”特征，强调知识的多元化、主体的多元化、互动的网络化，以及空间范围内的创新协同性和开放性。

区域内产业多元化融合有利于高质量发展创新生态。区域内可能存在多个产业集群，以核心产业为引领构建不同的产业结构。以集成电路产业为例，区域内高校院所、企业、服务组织、论坛会议等，可能围绕上游的关键部件、中游的装备、下游的应用场景，推动产业链条上的知识流动。同时推动其他产业，如材料产业、IC设计、数字创意、芯片应用产业（手机芯片、工业芯片、汽车芯片）的知识流动，促进交叉领域的新发现。以产业为基础，区域创新必须考虑不同的产业规律和产业链布局，要考虑零部件等关键技术的攻克、整机推广、首台（套）应用等问题，也要考虑其他相关产业与该产业之间的相互支撑。

（三）区域创新具有“共性特征”，也有“个性特点”

一般来说，注重协调性和开放性是区域创新发展的共同需求。协调性主要关注创新要素结构的优化，通过完善资源配置机制、协调机制，实现创新要素在不同地区之间、城乡之间的空间流动，促进创新要素结构均衡合理，避免极化造成的失衡。开放性则主要关注创新生态系统的对外吸引力，主要包括区域系统内部、内部与外部之间的知识交流、协同合作，包括创新主体之间的合作，如高校、科研机构、企业之间的学术研讨、项目合作；新组织机构的异地设立，如高校、企业的外设分支机构等。这些都有助于改变区域创新的条件和基础，促进区域创新发展。

不同区域创新呈现独特的区域特色，主要由区域内科教资源分布、经济发展演化路径差异所引致。改革开放40多年来，不同地区因地制宜发展，我国已经初步形成特征明显的多个区域创新体系，在创新主体活跃度、知识驱动力、产业结构、创新合作网络等方面各具特色。京津冀地区以北京为核心，以科学驱动的创新活动为主，区域内成员个头大小不一、梯度差异明显。长三角地区形成了江、沪、浙地区创新功能相似、知识互动频繁的网络化特征明显的创新体系。粤港澳地区以活跃的中小企业创新网络为主，以需求推动的创新活动为主，有较为频繁的跨境创新活动[13]。

第二节　区域创新布局主要格局

摸清我国区域创新布局现状，是进行各项区域创新部署的前提。本部分仅列举我国一些主要区域创新布局情况。

一、以科技创新中心为主的国家创新布局

（一）“3+2”科技创新中心

产业创新活动通常具有空间集聚效应，并通过多个创新集群在某一区域内产生“极化效应”，形成科技创新中心。我国现有京津冀、长三角和粤港澳大湾区三大国际科技创新中心，成渝、武汉正在努力建设全国科技创新中心，这些都是国家层面出台相关文件推动建设。国家特别是大型国家是由若干区域所组成的，区域的创新活力决定了一个国家的创新活力。目前，根据不同层次，我国逐步形成了“3+2”科技创新中心布局（表 3-1）。

表 3-1　国内“3+2”科技创新中心情况①

城市	国家文件	科技创新中心表述	国家定位	区域任务
北京	《北京加强全国科技创新中心建设总体方案》（国发〔2016〕52 号）	全国科技创新中心	原始创新、基础前沿研究	发挥辐射带动作用，引领京津冀协调发展

① 2021 年，《中华人民共和国国民经济和社会发展第十四个五年规划和 2035 年远景目标纲要》提出，支持北京、上海、粤港澳大湾区形成国际科技创新中心。

续表

城市	国家文件	科技创新中心表述	国家定位	区域任务
上海	《上海系统推进全面创新改革试验加快建设具有全球影响力的科技创新中心方案》（国发〔2016〕23号）	全球有影响力的科技创新中心	以企业为主体、市场为导向的体制机制创新	带动长三角区域、长江经济带创新发展
粤港澳大湾区	《粤港澳大湾区发展规划纲要》（中共中央 国务院2019年2月18日印发）	国际科技创新中心	发挥“一个国家、两种制度、三个关区”的独特优势	打造“一带一路”建设重要支撑区，以泛珠三角区域为广阔发展腹地
成渝	《成渝地区双城经济圈建设规划纲要》（中共中央政治局2020年10月16日审议）	全国科技创新中心	充分发挥成渝战略“腹地”作用，以创新培育区域增长极	打造成渝双城经济圈，带动西部地区发展
武汉	《中共湖北省委 湖北省人民政府关于加快推进武汉具有全国影响力的科技创新中心建设的意见》（2022年4月，经报国务院审核同意，科技部、国家发改委联合批复）	全国科技创新中心	承担聚焦打造世界科学前沿领域和新兴产业技术创新、全球科技创新要素“汇聚地”的战略使命	全球前沿科技的重要策源地、世界级产业创新高地、内陆开放融合创新高地、绿色高质量发展的中国样板

（二）四大综合性国家科学中心

科技创新中心是综合性国家科学中心的理论和实践来源[14]。综合性国家科学中心是国家创新体系建设的基础平台[15]，集中体现国家创新战略、区域发展战略和科技创新中心使命，能够有效推动重大科研基础设施与政产学研多元创新主体系统集成，是创新平台集聚和辐射效应的有机结合[16]。目前的四大综合性国家科学中心（表3-2）基本都是以国家发展改革委、科技部等为主导的部位主导建设的，在区域载体方面，与三大国际科技创新中心具有高度的重合性，只是载体更为聚焦，如集中体现在上海张江、北京怀柔和深圳。

表 3-2　四大综合性国家科学中心情况

国家科学中心名称	国家文件	批复部门	载体	主要领域
上海张江	《上海张江综合性国家科学中心建设方案》2016 年 4 月	国家发展改革委、科技部	上海张江	交叉前沿领域的源头创新能力和科技综合实力
安徽合肥	《合肥综合性国家科学中心建设方案》2017 年 2 月	国家发展改革委、科技部	合肥	国家创新体系的基础平台建设，聚焦信息、能源、健康、环境
北京怀柔	《北京怀柔综合性国家科学中心建设方案》2017 年 5 月	国家发展改革委、科技部	北京怀柔	强调世界级原始创新承载，旨在推动原创成果的重大突破
深圳	《加强“从 0 到 1”基础研究工作方案》2020 年 1 月	科技部等五部门	深圳光明科学城和深港科技创新合作区	重大科技基础设施集群

京津冀、长三角和粤港澳大湾区是我国科创资源最为密集、现代化程度最高的地区，我国三大国际科技创新中心布局在此。随着成渝地区的崛起，全国科技创新中心有了新的载体，强强联合的三角形结构逐渐向四边形结构转变，形成了优势科创资源遍布全国东南西北的新态势[17]。为了进一步“支持有条件的地方建设综合性国家科学中心或区域科技创新中心”，在特定地区建设区域性科技创新中心，有助于培育国家创新体系中的区域增长极核，使之成为区域对接国家和全球创新网络的核心枢纽[18]，在“3+2”科技创新中心基础上，中部的武汉、西北地区的西安和东北地区的沈阳、大连等城市也在争创区域科技创新中心。同时，四大综合性国家科学中心等国家创新布局相继实施，与科技创新中心的区域载体具有高度重合性。

二、关键领域的国家创新布局

（一）国家制造业创新中心

制造业创新中心是国家级创新平台的一种形式，用协同创新机制为手段，以需求为导向，打造贯通创新链、产业链、资本链的制造业创新生态系统，提供从前沿共性技术研发到转移扩散到首次商业化应用的跨界型、协同型新型创新载体。2021 年 11 月 9 日，工信部新批复组建国家 5G 中高频器件创新中心、国家玻璃新材料创新中心、国家高端智能化家用电器创新中心、国家智能语音创新中心等 4 家国家制造业创新中心（表 3-3）。截至 2021 年底，共有 21 家国家制造业创新中心（其中北京 3 个、长三角 6 个、广东 3 个），中心以前沿技术、共性关键技术的研发供给、转移扩散和首次商业化为重点，定位是行业关键共性技术的研发，而不是单个企业能够解决的技术难题，组建形式上是由企业、科研院所、高校等各类创新主体自愿选择、自主结合、优势互补，以独立法人形式建立的新型创新载体。

表 3-3　新批复的四大制造业创新中心

中心名称	地点	载体	批复主体	设立目的
国家 5G 中高频器件创新中心	深圳	深圳市汇芯通信技术有限公司	工信部	聚焦新型半导体材料及工艺、5G 中高频核心器件、面向射频前端的硅基毫米波集成芯片等方向，支撑我国 5G 中高频器件产业创新发展
国家玻璃新材料创新中心	安徽蚌埠	玻璃新材料创新中心（安徽）有限公司	工信部	重点围绕信息显示玻璃、新能源玻璃、节能环保玻璃、特种玻璃等方向，开展关键共性技术攻关、测试验证、中试孵化及行业公共服务等创新能力建设，助推我国玻璃新材料产业创新发展
国家高端智能化家用电器创新中心	山东青岛	青岛国创智能家电研究院有限公司	工信部	聚焦家用电器高端化、智能化、场景化的发展方向，重点在本体技术、智能技术、安全技术、场景技术等领域突破一批关键共性技术，提升我国高端智能化家电行业技术创新水平和产品竞争力

续表

中心名称	地点	载体	批复主体	设立目的
国家智能语音创新中心	安徽合肥	合肥智能语音创新发展有限公司	工信部	围绕多语种语音识别、语音合成、语义理解和专用人工智能语音芯片等研发方向，构建集共性技术研发、测试验证、中试孵化和成果转移转化于一体的创新平台，提升我国智能语音行业技术水平和产品竞争力

（二）国家产业创新中心

针对当前我国产业创新能力不强、关键核心技术受制于人、产业共性技术供给不足、创新成果产业化不畅等问题，2018年1月11日，国家发展改革委研究制定了《国家产业创新中心建设工作指引（试行）》，指出国家产业创新中心是整合联合行业内的创新资源、构建高效协作创新网络的重要载体，是特定战略性领域颠覆性技术创新、先进适用产业技术开发与推广应用、系统性技术解决方案研发供给、高成长型科技企业投资孵化的重要平台，是推动新兴产业集聚发展、培育壮大经济发展新动能的重要力量。国家产业创新中心主要布局建设在战略性领域，创新方向定位于获取未来产业竞争新优势的某一特定产业技术领域。组建国家产业创新中心的牵头单位，应在行业中具有显著的创新优势和较大的影响力，具备充分利用和整合行业创新资源的能力，能够为国家产业创新中心建设发展提供充足的资金支持和条件保障，一般以法人实体形式运行，以民办非企业[①]为主，治理结构清晰，运行机制灵活有效。

典型案例：中科曙光国家先进计算产业创新中心。国家发展改革委办公厅《关于同意组建国家先进计算产业创新中心的复函》（发改办高技〔2018〕1069号），原则同意中科曙光牵头，联合行业中下游企业、高等院校和科研院所，以及相关金融资本、知识产权、科技中介等服务机构，共同组建国家先进计算产业创新中心。

① 是指利用非国有资产举办的从事非营利性社会服务活动的社会组织，如各类民办学校、医院、文艺团体、科研院所、体育场馆、职业培训中心、福利院、人才交流中心等。

三、以科技含量较高的开发区为主的各地网络状创新高地

改革开放以来，我国基于加快发展、深化改革的需要，先后设立了各类开发区。截至2020年底，我国共有173个国家高新技术产业开发区，并在此基础上支持发展了23个国家自主创新示范区（涉及61个国家高新技术产业开发区）。在19个国家级新区中，除了新设立的舟山群岛、贵安、滇中、哈尔滨、长春、雄安新区外，其他新区都与高新区有着密切的关系。此外，还有6个国家可持续发展议程创新示范区、10个国家科技成果转移转化示范区、189个国家可持续发展试验区、4个国家农业高新技术产业示范区、约300个国家农业科技园区①、20个国家农业产业园区②、140个高校科技园等各类园区，在全国范围内形成了东多西少、南多北少的网络状创新高地（表3-4）。

表3-4　网络状创新高地分布情况

创新高地类型	数量（个）	载体	批复部门	批复目的
国家高新技术产业开发区	173	知识与技术密集的大中城市和沿海地区	国务院	加快高技术产业发展，促进科技成果产业化
国家自主创新示范区	23	高新区	国务院	推进自主创新和高技术产业发展方面先行先试、探索经验、做出示范
国家级新区	19	主要是高新区	国务院	承担国家重大发展和改革开放战略任务的综合功能区，进一步提高国家经济发展质量和效益
国家可持续发展议程创新示范区	6	可持续发展试验区	国务院	为破解新时代社会主要矛盾、落实新时代发展任务做出示范，为全球可持续发展提供中国经验

① 截至2021年12月，科技部共公布了8批国家级农业科技园区名单，因有个别最终验收没有通过，故合计约为300个。

② 截至2020年底，农业农村部、财政部已批准创建93个、认定20个国家级产业园，大部分集中在县域，其中山东和黑龙江分别拥有认定的国家级产业园3个。

续表

创新高地类型	数量（个）	载体	批复部门	批复目的
国家科技成果转移转化示范区	10	以各类科技园区为基础，突出企业主体地位	科技部	实现科技经济的深度融合，跨越科技成果转化的“死亡之谷”，完善区域科技成果转化政策环境，起到以点带面的示范作用
国家可持续发展试验区	189	具备可持续发展能力、科技支撑条件较好	原国家科委、体改委和计委	依靠科技进步、机制创新和制度建设，全面提高可持续发展能力，探索不同类型地区的经济、社会和资源环境协调发展的机制和模式
国家农业高新技术产业示范区	4	国家农业科技园区	国务院办公厅	大幅提升我国农业的劳动生产率、土地产出率和绿色发展水平，提高农业产业的国内外竞争力
国家农业科技园区	约 300	农业科技与经济组织	科技部	从事农业高新技术应用研究、示范推广及其产业化，是重大农业技术突破和农业高新产业的孵化平台
国家农业产业园区	20	农业示范区的高级形态	农业部、财政部	农业产业结构优化、“三产”深度融合
高校科技园	140	具有科研优势特色的高校	科技部、教育部	将高校科教智力资源与创新资源市场优势紧密结合，推动创新资源集成、科技成果转化、科技创业孵化、创新人才培养和开放协同发展

四、国家科技创新基地（平台）

国家科技创新基地（平台）包括各类国家实验室、国家重点实验室、国家工程技术研究中心（依托高校、科研院所）、国家工程研究中心（企业）和国家工程实验室等在内，我国已经建设了千余家“国字号”科研基地（平台），但是，有些国家科技创新基地（平台）并没有很好地履行国家技术创新的使命和功能[19]。为此，自 2017 年 8 月，科技部、财政部、国家发展改革委先后印发《国家科技创新基地优化整合方案》《“十三五”国家科技创新基地与条件保障能力建设专项规划》，进一步规范国家科技创新基地（平台）。通过对现有国家科技创新基地（平台）进行分类梳理，归并整合为科学与工程研究、技术创新与成果转化和基础支撑与条件保障3类进行布局建设（部分在重新组建中，见表3-5）。

表3-5 国家科技创新基地（平台）

种类	基地	数量（个）	批复部门	批复目的
科学与工程研究	国家实验室	9	科技部	体现国家意志，实现国家使命，代表国家水平的战略科技力量
	国家重点实验室	522①	科技部	面向前沿科学、基础科学、工程科学等，开展基础研究、应用基础研究等
技术创新与成果转化	国家工程研究中心/实验室	38②	国家发展改革委	服务国家重大战略任务和重点工程实施
	国家技术创新研究中心	3+10③	科技部	构建和完善国家现代产业技术体系，是推动产业迈向价值链中高端的重要科技力量
	国家临床医学中心	50	科技部、国家卫生健康委、中央军委后勤保障部	整体推进我国医学科技发展、加快医学科技成果临床转化和普及推广
基础支撑与条件保障	国家科技资源平台共享服务平台	50	科技部、财政部	为科学研究、技术进步和社会发展提供网络化、社会化的科技资源共享服务
	国家野外科学观测研究站	69	科技部	获取长期野外定位观测数据并开展研究工作

① 《中华人民共和国2020年国民经济和社会发展统计公报》。

② 2021年8月，《国家发展改革委办公厅关于印发新序列国家工程研究中心名单（第一批）的通知》发布。此次全国共有89个国家工程研究中心（工程实验室）参与优化整合重组，最终仅有38个纳入新序列管理。

③ 具体为三大综合类和12大领域类国家技术创新中心，三大综合类国家技术创新中心布局在京津冀、长三角和粤港澳大湾区，无地域范围。

五、科技创新成果转移转化平台

近年来，我国科研成果产出显著增加，但是仍有许多科研成果未能产业化，在个别领域科技与经济结合依然不太紧密。科技创新成果转移转化平台能够有效整合政产学研用各类资源，贯通研发、孵化、转化、投融资服务等关键链条，有效提升科技成果转移转化成效，并带动创业、推动创新链对接产业链[20]，其中重要的平台包括创新型产业集群、科技企业孵化器、众创空间、科技企业加速器等（表 3–6）。

表 3–6　科技创新成果转移转化平台

主要平台	数量（个）	载体	批复部门	批复目的
创新型产业集群（试点）	61	产业链相关联企业、研发和服务机构	科技部火炬中心	通过分工合作和协同创新，形成具有跨行业、跨区域带动作用和国际竞争力的产业组织形态
国家级科技企业孵化器	1173[11]	取得国家高新技术创业服务中心资格	科技部火炬中心	培育和扶植高新技术中小企业
国家备案众创空间	2386[11]	孵化器	科技部火炬中心	创新型孵化器
科技企业加速器	约 500	介于孵化器和科技园中间的形态	科技部	为高速成长的企业提供快速增长空间和专业服务，重点提供资源整合、市场化机制、专业的知识

第三节　区域创新布局的主要特点

我国区域创新布局总体呈现以四大板块为战略基点，突出创新要素集聚功能，各创新基地（平台）互相融合的协同发展格局。

一、区域创新布局始终跟随国家区域战略

20世纪80年代，中国的改革开放从优先发展东部沿海地区起步。进入21世纪，党中央又适时提出了西部大开发、振兴东北老工业基地和中部崛起战略，在此基础上，我国形成了四大板块的区域总体发展战略。虽然四大板块战略并不是直接针对区域科技创新发展制定的专门战略，但它成为较长时期以来国家层面推动区域创新发展的总体思路。从“十一五”到“十三五”科技创新规划来看，国家对区域创新的部署基本都遵循支持东部地区率先发展、中西部地区重点培育差异化特色的创新能力、东北地区加快产业转型升级这一思路[21]。近些年虽然出台了黄河流域和长江中游创新发展战略，但是创新资源布局相对滞后，至今仍缺乏配套政策和实质性支撑。与之类似的还有，可持续发展试验区缺乏政策支持，高新区发展多年后区内区外政策几乎一样，且多以地方支持为主。

二、初步形成了“中心引领、纵横交叉、多点支撑”特色区域创新总体发展格局

“3+2”科技创新中心形成了创新型国家的三大核心支柱和动力源，并分别辐射京津冀、长三角、粤港澳大湾区和成渝地区。纵向的沿海创新带和横向的长江流域创新带、黄河流域城市群，结合我国的创新型省、市、县、镇、乡、村建设，共同形成创新型国家的脊梁。遍布全国各地、具有区域特色的国家级高新区、自主创新示范区、新区等各类园区和创新基地平台，共同形成创新型国家的面上支撑。此外，在具体工作层面还有各类对口科技支援、帮扶，面向革命老区、边疆地区、民族地区科技工作给予倾斜支持，科技援疆援藏援青入滇深入推进，科技支宁蓬勃开展，甘肃兰白与上海张江、新疆与深圳、贵州与北京中关村科技合作持续深化。

三、创新资源在空间分布上呈现高度集聚性

一是创新资源主要集聚在北京、上海、粤港澳大湾区。北京、上海、粤港澳大湾区3个国际科技创新中心基础设施建设日渐完备，集聚了大量高校、

科研院所和创新型企业，吸引了大量劳动力和科技人才，形成了现代化的国家产业体系，成为知识、技术、人才和资金的流入地和集聚区，集聚了我国约 2/3 的创新资源。科技创新中心、综合性国家科学中心、综合类国家技术创新中心等基本都分布在此，各类创新平台的集聚又进一步促进了创新资源的集聚。

二是创新资源布局东西差距仍然存在、南北差距不断拉大。东西科技合作已经实行多年，但是目前东西差距依然很大，东北地区发展形势不容乐观，近些年几乎没有任何形式的创新布局，京津冀协同发展仍遭遇“阿喀琉斯之踵”，南北差距应该得到足够重视。在共同富裕目标下，更应该在遵循创新资源集聚规律前提下，适当向基层倾斜。

三是创新资源主要集聚在大城市、省会城市。受行政区经济影响，创新资源与行政权力具有同向的布局方式。以地市管县的现行行政体制为例，除了一些农业相关的创新资源外，县级及以下很难真正集聚创新资源，以致形成了头重脚轻的“倒三角形”创新资源分布格局。

四、垂直化、层级化的区域创新管理体系基本形成

遍及全国各地的创新型省、创新型市、创新型县、创新型乡镇村建设，形成了从中央到地方垂直化的条状区域创新布局体系，基本覆盖了所有创新资源密集的中心、园区等，并将创新上升到国家支持的层面，形成了体系化布局。通过创新型省、市、县等的建设，形成了一纵一横两大创新带，包括 13 个省份（9 个创新型省、4 个直辖市），基本沿海、沿长江流域两带分布，最后交叉总体呈顺时针旋转 90°　“T”字形分布格局。其中，纵向的沿海创新带包括北京、天津、山东、江苏、浙江、福建、广东 7 省份，横向的长江创新带包括四川、重庆、湖北、湖南、安徽、上海 6 省份。

五、部分创新资源布局缺乏统筹协同

目前的各类创新基地（平台）存在以下两个问题：一是建设数量过多，力量分散，据不完全统计，已获批命名和筹建中的各类国家科研基地（平台）总数近千家，涉及若干个工程技术细分领域和方向，多数科研基地（平

台）的自身基础和获得的支持力度均相对较弱，无法充分发挥国家级机构的职能作用；二是定位宽泛，职能重叠，各类科研基地（平台）的任务定位包括从事应用基础研究、应用研究和试验发展活动，还延及提供工程技术咨询服务，促进科技成果转化，培养高层次人才等多个方面，定位过于宽泛，职能交叉重叠明显，影响资源效率。

究其原因，我国的创新资源布局主要由国家发展改革委和科技部进行宏观管理工作，两部委也分别制定了相关管理办法，并建立了相关管理机制，但围绕各类创新基地（平台）建设工作一直未建立良好的沟通协商机制，这使得在国家层面上缺乏对技术创新、工程类等国家科研基地（平台）建设的宏观规划和统筹协调。同时，更应该引起重视的是，一些创新布局存在载体不明晰、边界不清楚的情况，导致针对同一个区域，经常出现发改、科技、农业等部门同时挂牌支持现象[22]。

第四章　新时代区域科技创新中心布局的路径选择

习近平总书记在2021年5月召开的“科技三会”上指出，“支持有条件的地方建设区域科技创新中心”。根据区域发展的能级特点，科技创新中心可以分为国际科技创新中心、具有全国影响力的区域科技创新中心和省级区域科技创新中心3类。目前，党中央已形成北京、上海、粤港澳大湾区三大国际科技创新中心的战略布局，推动成渝地区建设具有全国影响力的科技创新中心，引领和支撑了我国创新型国家建设。面向国家新发展阶段要求，根据国家重大区域战略部署，加快推进全国科技创新中心的布局建设，对于构建以国内大循环为主体、国内国际双循环相互促进的新发展格局，促进区域协调发展和实现共同富裕有重要意义。

本章基于我国区域和城市科技创新数据，深入分析沿长江、黄河流域和东北地区重点区域和城市的科技创新发展基础，建议依次以武汉、郑州、西安、沈阳为核心城市，推动建设4个具有全国影响力的区域科技创新中心，作为支撑我国区域高质量发展的战略高地。鼓励和支持太原、呼和浩特、银川、贵阳、昆明、福州建设省级区域科技创新中心，作为地区新经济增长级，辐射带动相关省域和周边地区发展。相应提出加快制定全国科技创新中心布局建设总体方案，优化国家科技创新资源配置，提升区域协同创新发展水平，推动产业链、创新链和资金链融合发展等政策建议。

第一节　区域科技创新中心建设的重大意义

区域创新是国家创新资源布局的地域体现，是构建高效能国家创新体系的关键抓手。伴随新技术的扩散渗透，全球知识网络和创新网络不断扩展，创新范式深刻变化，区域创新呈现更加网络化、开放性、协同性的多元融合特征。一般来讲，区域科技创新中心是指科技创新资源密集、科技创新活动集中、科技创新实力雄厚、科技成果辐射范围广大，从而在价值网格中发挥显著增值作用并占据领导和支配地位的城市或城市群，对创新资源流动具有显著的引导、组织和控制能力。区域科技创新中心的建设就是培育区域创新增长极的过程，其实质是在特定区域的区位和资源禀赋条件下，国家通过创新资源的空间配置和创新政策的倾斜性支持等举措，来打造科技创新高地，以实现区域经济的转型升级和快速发展。

在当今全球化、信息化时代，科技创新的发展越来越注重区域载体与全球网络的契合发展，区域载体的能级就决定了区域建设科技创新中心的影响力。对于中国这样一个幅员辽阔的大国而言，更需要加强多层次的区域科技创新中心布局建设，推进国家创新驱动发展战略在各地方的深入贯彻落实，实现国家经济发展方式的根本转变。

一、我国科技创新中心的布局取得突破性进展

党的十八大以来，党中央立足国家发展战略全局，加强区域科技创新发展的战略部署，总体形成科技创新中心、综合性国家科学中心、协同创新区域等不同层面的国家创新高地（表 4–1）。具体来看，科技创新中心包括北京、上海和粤港澳大湾区，加快建设具有国际影响力的科技创新中心，成渝地区加快建设具有全国影响力的科技创新中心；综合性国家科学中心包括上海张江、合肥、北京怀柔和深圳，成为国家提升基础研究水平，强化原始创新能力的基础性平台；协同创新区域包括京津冀、长三角、长江经济带和“一带一路”等四大战略创新带，成为辐射带动国家优化提升创新能力体系的创新高地。

表 4-1　近年来国家重大区域创新发展战略部署

国家战略规划	区域科技创新的总体战略部署
科技创新中心	2016 年《北京加强全国科技创新中心建设总体方案》：建设具有全球影响力的全国科技创新中心； 2016 年《国务院关于印发上海加快建设具有全球影响力科技创新中心方案的通知》：建设具有全球影响力的科技创新中心； 2019 年《粤港澳大湾区发展规划纲要》：建设具有全球影响力的国际科技创新中心； 2020 年《成渝地区双城经济圈建设规划纲要》：成为具有全国影响力的科技创新中心
综合性国家科学中心	国家发展改革委、科技部：2016 年（上海张江）、2017 年（合肥）、2017 年（北京怀柔）、2019 年（深圳）
协同创新区域	2015 年《京津冀协同发展规划纲要》：形成京津冀协同创新共同体； 2016 年《长江经济带发展规划纲要》：引领全国转型发展的创新驱动带； 2016 年《推进“一带一路”建设科技创新合作专项规划》：共同参与“一带一路”科技创新合作，打造利益共同体和命运共同体； 2019 年《长江三角洲区域一体化发展规划纲要》：科创产业融合发展体系基本建立，成为全国重要创新策源地

资料来源：根据有关文件整理。

二、科技创新中心有效支撑我国经济高质量发展

党中央推动北京、上海和粤港澳大湾区三大国际科技创新中心建设以来，我国京津冀、长三角和珠三角三大经济圈创新驱动发展能力显著提升。北京研发投入强度位列全国第一，2020 年达到 6.47%，国家高新技术企业数、发明专利授权量分别是 2015 年的 2.2 倍和 1.8 倍，中关村自主创新示范区总收入保持 10% 以上的速度增长，向津冀输出的技术合同成交额是 2015 年的 3.1 倍。2020 年上海研发强度达到 4.1%，每万人口发明专利拥有量为 60.2 件，向国内外输出技术合同成交额占比达 70%，位于上海的长三角国家技术创新中心成为长三角产学研用深度融合的创新枢纽，显示上海科技创新中心为长三角乃至更大范围区域创新发展提供了有效支撑。广东综合科技创

新水平排在全国第3位，研发经费投入规模居全国首位，“广深港创新集群”连续两年居全球创新指数第2位。重庆、四川共同推进西部科学城建设，综合科技创新能力提升速度令人瞩目。2020年，成都和重庆研发投入强度分别达到3.11%和2.11%，高新技术企业数量分别达到6039家和4183家，科技创新中心建设取得良好成效。

三、高水平科技自立自强需要进一步完善科技创新中心的布局

党的十九届五中全会提出了我国京津冀协同发展、长江经济带发展、粤港澳大湾区建设、长三角一体化、黄河流域生态保护和高质量发展5个重大区域战略，以此聚焦实现战略引领带动区域发展，促进区域间融合互动、融通补充。这些区域是国家贯彻落实创新驱动发展战略、实现高质量发展的关键抓手。当前我国科技创新中心的布局已覆盖京津冀、粤港澳大湾区、长三角三大战略区域，长江经济带发展仅有长江下游的上海国际科技创新中心和上游的成渝全国科技创新中心。从国家区域发展全局来看，我国长江、黄河流域和东北地区的经济总量占全国超过七成的比例，是国家发展的重心。目前，长江经济带已明确了下游的上海国际科技创新中心和上游的成渝全国科技创新中心建设，黄河流域、东北地区及相关省域科技创新中心还有待培育。新发展阶段需要进一步建立完善多层次区域科技创新中心的战略布局，以更好支撑和引领我国区域高质量发展，加快打造双循环格局和实现高水平科技自立自强。

第二节　地区科技发展基础分析与科技创新中心选择

近年来，我国各地区科技创新事业取得了显著成效，研发经费投入不断增加，科技人力资源条件持续改善，科技产出效率不断提升，为国家布局区域科技创新中心奠定了良好的基础。通过区域科技创新核心指标的数据分析，可以为我国构建多层次科技创新中心体系提供定量依据。

一、主要地区科技创新的基本情况

根据各地区研发经费、研发人员和发明专利等方面科技资源状况的综合分析，在我国31个省级行政区（不含港澳台）中，除了国家已有战略布局的京津冀、长三角，以及广东、重庆和四川10个省市，其他21个省级行政区创新能力大体上分为3个梯队。

第一梯队包括山东、湖北、河南、福建、湖南、陕西、辽宁，7个省级行政区综合优势较为明显。2019年，7个省级行政区GDP合计占全国的三成，R&D经费均在500亿~1500亿元，共计占全国总量的26.6%；科技人才资源丰富，R&D人员共占全国总数的24.8%；技术能力较为领先，发明专利拥有量占全国总量的19.6%。这些省级行政区是全国科技创新发展的重要支撑区域。

第二梯队包括江西、云南、广西、山西、黑龙江，5个省级行政区GDP合计占全国的10%，R&D经费均在140亿~400亿元，共计占全国总量的5%；R&D人员共占全国总数的6.3%；发明专利拥有量共占全国总量的4.6%。

第三梯队包括贵州、吉林、内蒙古、甘肃、新疆、宁夏、海南、青海、西藏，9个省级行政区与上述2个梯队的省级行政区还有较大的差距。9个省级行政区GDP合计占全国的8%，R&D经费投入规模相对较小，共计占全国总量的3%；R&D人员共占全国总数的3.6%；发明专利拥有量占全国量的2.8%。

二、地区城市群科技创新对比分析

我国省域之间和省域内部创新资源布局差异巨大，为更加精准地识别区域创新高地，本文进一步整理了21个省份的194个地级市的数据，深入分析了地区城市群的科技创新发展状况。为了增强城市间的可比性，根据经济社会发展阶段和科技创新基础条件，选择2019年人均GDP高于全国平均水平（7.1万元），R&D/GDP在1.5%以上的39个科技创新基础相对较好的城市开展分析（表4–2）。

表 4-2　部分地区城市创新能力主要指标

省份	城市名	R&D/GDP（%）	万人高等学校在校学生数（人）	万人国际科技论文数（篇）	万人发明专利拥有量（件）	高新技术企业数（家）	高技术产品出口额占比（%）	人均GDP（元）	综合水平
湖北	武汉	3.21	898.05	35.04	41.12	4276	50.43	145 545	3.23
陕西	西安	5.17	854.02	40.89	40.89	3661	81.24	92 256	3.18
湖南	长沙	2.73	793.21	28.51	32.97	3055	21.05	139 877	2.37
甘肃	兰州	2.25	941.44	24.38	12.92	569	6.72	75 217	1.74
山西	太原	2.10	1128.05	16.79	21.15	1607	74.63	90 421	1.70
山东	青岛	2.51	437.72	15.32	33.61	3805	8.54	124 282	1.69
福建	厦门	2.96	365.13	13.80	31.81	1911	18.43	142 739	1.69
山东	济南	2.39	607.38	15.38	28.55	2212	11.38	106 416	1.61
辽宁	沈阳	2.64	509.72	17.00	20.69	1814	18.70	77 777	1.52
辽宁	大连	2.85	414.89	12.99	21.27	1727	26.45	99 996	1.43
江西	南昌	1.81	1125.75	13.51	10.34	1423	45.48	100 415	1.36
河南	郑州	2.04	1042.00	9.84	13.80	1917	84.67	113 139	1.36
吉林	长春	2.05	462.64	16.28	11.41	1317	10.82	78 456	1.29
福建	福州	2.15	436.32	9.80	19.52	1407	13.68	120 879	1.23
云南	昆明	1.73	895.80	9.43	14.73	1015	6.63	93 853	1.12
贵州	贵阳	1.76	827.00	6.36	13.73	1062	29.41	81 995	0.99
湖南	湘潭	2.25	487.87	7.73	11.08	394	2.90	78 575	0.94
内蒙古	呼和浩特	1.56	775.23	6.54	7.42	305	15.76	89 138	0.87
山东	威海	2.26	349.22	2.74	11.41	497	8.97	104 615	0.78
山东	淄博	2.91	245.41	2.37	13.36	509	4.33	77 510	0.76
湖南	株洲	2.91	252.94	1.41	15.05	544	10.91	74 618	0.75
宁夏	银川	1.62	485.03	4.61	9.26	118	5.04	83 492	0.74
山东	烟台	1.65	323.88	2.85	10.04	818	12.39	107 343	0.71
山东	东营	2.34	154.21	0.89	9.82	261	3.99	134 022	0.70

续表

省份	城市名	R&D/GDP（%）	万人高等学校在校学生数（人）	万人国际科技论文数（篇）	万人发明专利拥有量（件）	高新技术企业数（家）	高技术产品出口额占比（%）	人均GDP（元）	综合水平
甘肃	嘉峪关	3.50	117.27	0.04	9.01	30	—	112 219	0.70
河南	洛阳	2.37	192.97	2.47	10.58	631	21.67	72 912	0.69
辽宁	盘锦	2.26	56.27	22.97	4.88	137	1.33	88 983	0.69
河南	焦作	1.66	278.40	3.30	6.16	174	3.34	76 828	0.59
江西	鹰潭	3.81	84.85	0.05	2.46	162	11.96	79 883	0.58
湖北	宜昌	2.28	145.02	2.18	—	512	9.46	107 830	0.57
内蒙古	包头	1.58	263.79	1.88	5.64	188	0.18	93 835	0.54
广西	柳州	1.80	231.56	0.43	9.37	531	3.33	77 056	0.52
福建	龙岩	1.91	81.69	0.58	4.71	188	2.02	101 476	0.49
江西	新余	1.82	332.24	0.21	3.49	148	18.32	81 642	0.48
湖北	襄阳	1.71	89.96	0.33	6.20	529	6.31	84 815	0.46
福建	漳州	1.55	175.96	0.45	3.26	237	4.89	92 074	0.44
湖北	黄石	1.77	191.84	0.85	3.08	292	5.30	71 511	0.43
福建	宁德	1.70	47.52	0.20	4.45	73	1.67	84 251	0.41
河南	许昌	1.56	123.37	0.29	4.37	174	0.98	76 312	0.40
全国平均		2.24	285.69	3.59	14.00	218 544	29.23	70 328	1

数据来源：国家统计局《中国城市统计年鉴 2020》，国家统计局、科技部《中国科技统计年鉴 2020》，科技部火炬中心《中国火炬统计年鉴 2020》，下同。

以国家总体水平为基准，综合测算各城市科技创新能力综合水平指数，上述 39 个城市可以分为 3 个梯队：第一梯队包括武汉、西安和长沙。这 3 个城市科技创新综合水平是全国平均的 2 倍以上，科技人才资源较为丰富，R&D 经费投入强度分别达到 3.21%、5.17% 和 2.73%，科技论文和专利产出能力强劲，高新技术企业创新较为活跃，经济发展处于较高水平。第二梯队包括兰州、太原、青岛、厦门、济南、沈阳、大连、南昌、郑州、长春、福州、昆明。这12个城市科技创新综合水平高于全国平均。科技创新资源投入有较好基础，科学研究和技术研发在国家总体布局中有一定影响力，高技术产业呈现较快增长势头。东部的济南和青岛，中部城市南昌与郑州，西北的兰州相对突出。第三梯队包括贵阳、湘潭、呼和浩特、威海、淄博、株洲等24个城市，科技创新综合水平跟前两个梯队还有一定差距。

综合以上分析可以看到，省域层面，山东、湖北、河南、福建、湖南、陕西和辽宁科技创新实力突出。城市层面，武汉、西安、长沙、兰州、济南、大连、南昌和郑州等城市科技创新实力和效率表现亮眼。

三、区域科技创新中心的选择

科技创新中心是以创新引领国家和区域经济社会发展的城市或城市群，其遴选区域科技创新中心要遵循以下3个原则：一是该城市或城市群位于国家发展重大战略区域，建设科技创新中心对于国家培育创新增长极、引领高质量发展具有战略意义；二是该城市或城市群能够更加有效地辐射带动相关区域，推动区域协同创新和协调发展；三是核心城市及周边城市群有较强的科教实力，已建立起基本的创新体系，有相对坚实的经济实力和创新能力。

基于上述3个定性的基本原则，本文通过定量的科技统计指标开展区域和城市科技创新能力综合水平的分析，确定区域科技创新中心城市群的选择。随着科技和经济的不断融合发展，科技创新中心建设越来越注重全创新链的系统提升。因此，本书从投入强度、科学研究、技术研发、企业创新、创新产出、创新环境等维度，选取R&D/GDP、万人高等学校在校学生数、万人国际科技论文数、万人发明专利拥有量、高新技术企业数、高技术产品出口额占比和人均GDP 7个核心指标来测算区域和城市科技创新能力综合水平。根据综合指数测算结果，依据相关城市不同的影响力能级，具有全国影响力的城市或城市群可布局建设区域科技创新中心，具有省域影响力的城市或城市群可布局建设省级区域科技创新中心。

基于各地区科技创新状况分析，考虑到主要城市科技创新能力水平及其辐射影响力，建议依次以武汉、郑州、西安、沈阳为核心城市，推动建设4

个具有全国影响力的区域科技创新中心，辐射带动形成长江经济带中游、黄河流域和东北地区的科技创新城市群，作为支撑我国区域高质量发展的战略高地。鼓励和支持太原、呼和浩特、银川、贵阳、昆明、福州建设省级区域科技创新中心，作为地区新经济增长极，辐射带动相关省域和周边地区发展（表 4–3）。

表 4–3　部分区域中心城市群概况

科技创新中心名称	城市名	R&D 人员数（人年）	R&D 经费内部支出（亿元）	R&D/GDP（%）	万人国际科技论文数（篇）	万人发明专利拥有量（件）	高新技术企业数（家）	人均 GDP（元）
长江中游科技创新中心	武汉	85 581.1	520.7	3.21	35.0	41.1	4276	145 545
	长沙	70 104.0	316.2	2.73	28.5	33.0	3055	139 877
	南昌	50 035.1	101.2	1.81	13.5	10.3	1423	100 415
	宜昌	11 247.0	101.5	2.28	2.2	—	512	107 830
	襄阳	23 315.0	82.4	1.71	0.3	6.2	529	84 815
	湘潭	10 706.0	50.8	2.25	7.7	11.1	394	78 575
	鹰潭	5489.1	35.9	3.81	0.1	2.5	162	79 883
黄河中下游科技创新中心	郑州	66 771.0	236.7	2.04	9.8	13.8	1917	113 139
	济南	50 015.0	225.5	2.39	15.4	28.6	2212	106 416
	青岛	59 422.0	294.6	2.51	15.3	33.6	3805	124 282
	淄博	22 360.0	105.9	2.91	2.4	13.4	509	77 510
	潍坊	19 467.0	119.2	2.10	0.7	8.1	796	60 760
	洛阳	25 674.0	119.2	2.37	2.5	10.6	631	72 912
	新乡	14 138.0	62.6	2.14	3.0	4.5	261	50 277
黄河中上游科技创新中心	西安	92 462.0	481.8	5.17	40.9	40.9	3661	92 256
	兰州	16 117.0	63.9	2.25	24.4	12.9	569	75 217
	咸阳	3643.0	12.3	0.56	7.9	3.0	159	50 338
	宝鸡	5435.0	25.3	1.14	0.6	3.2	210	59 050
	白银	913.0	6.6	1.36	—	2.2	70	27 990

续表

科技创新中心名称	城市名	R&D 人员数（人年）	R&D 经费内部支出（亿元）	R&D/GDP（%）	万人国际科技论文数（篇）	万人发明专利拥有量（件）	高新技术企业数（家）	人均 GDP（元）
东北科技创新中心	沈阳	34 343.0	170.7	2.64	17.0	20.7	1814	77 777
	大连	40 321.0	199.7	2.85	13.0	21.3	1727	99 995
	长春	32 615.0	120.8	2.05	16.3	11.4	1317	78 456
	哈尔滨	30 332.0	92.9	1.77	19.0	18.9	793	55 175
	盘锦	4616.7	28.9	2.26	23.0	4.9	137	88 983

一是长江中游科技创新中心，形成以武汉市为核心，联合长沙和南昌为协同副中心，以宜昌、襄阳、湘潭和鹰潭为腹地的科技创新城市群。第一，武汉是长江中游城市群的龙头。武汉科技创新发展条件优越，年研发经费支出超过 520 亿元，是华中地区的交通枢纽，科教实力紧随北京和上海，有“中国光谷”之称的武汉东湖高新区科技创新活力已具备全国影响力。第二，长沙和南昌科技基础良好、创新资源丰富，是中部城市群的龙头。长沙航空航天、电子信息、新材料等先进制造能力突出，南昌在推进信息和数字经济发展方面取得成效。建设武汉区域科技创新中心，能够使武汉与长沙和南昌等中部主要城市实现协同创新发展，有效支撑中部崛起，促进中部地区一体化。第三，中部地区主要城市能成为其创新高地建设的有效支撑腹地。其中，宜昌、襄阳科技创新资源投入处于较高水平，R&D 经费投入强度达到 2% 左右，R&D 人员数超过 1 万人年，高新技术企业均超过 500 家。湘潭技术研发能力较强，万人发明专利拥有量达 11.1 件。鹰潭 R&D 经费投入强度达 3.81%，高新技术产业发展势头强劲。

二是黄河下游科技创新中心，形成以郑州为核心，联合济南、青岛为协同副中心，以淄博、潍坊、洛阳和新乡为腹地的科技创新城市群。第一，郑州具备较为完备的产业创新体系，郑州是国家重要的综合交通枢纽，拥有电子信息、汽车及装备制造、生物及医药等特色产业体系；河南研发经费投入规模居全国 31 个省级行政区（不含港澳台）中的第 9 位，科技人力资源丰富。第二，山东是黄河流域科技创新资源高地，济南是我国重要的装备制造业基地，智能制造与高端装备产业有较好的发展基础。青岛电器产品、海洋产业发展基础雄厚。郑州联合济南、青岛为核心的区域科技创新中心建设能有效引领和支撑国家黄河流域生态保护和高质量发展战略的落实，促进黄河流域开放合作，加强东部与中部互联互通协作发展，更好地发挥“一带一路”枢纽作用，推动沿线地区深入开放合作。第三，黄河下游主要城市科技创新发展有较好的基础，能够形成有效支撑。其中，淄博、潍坊、洛阳研发投入强度均在2%以上，高新技术企业均在500家以上，工业制造基础良好。淄博重化工等传统产业和氢能、人工智能等新兴产业齐头并进，潍坊动力机械产业优势突出，洛阳高端装备制造业拥有全国影响力。

三是黄河中上游科技创新中心，形成以西安为核心，联合兰州为协同副中心，以咸阳、宝鸡和白银为腹地的科技创新城市群。第一，西安和兰州分别是我国关中平原城市群和兰西城市群的重要中心城市，为西北地区科教资源的集聚地，科技创新综合水平处于全国中上游，R&D投入强度和R&D人员遥遥领先，西安R&D经费内部支出为482亿元，投入强度达到5.17%，万人发明专利拥有量达40.9件，约是全国平均的3倍。兰州研发投入强度为2.25%。第二，宝鸡、咸阳和白银等城市的融入能进一步释放西安和兰州科技创新市场活力，通过西安和兰白国家自主创新示范区深化开放合作，实现互利共赢，助力西北高新技术产业发展，打造西北经济增长极。第三，以西安、兰州为核心的科技创新中心建设能有力支撑“一带一路”倡议、黄河流域生态保护和高质量发展国家战略，强化西部内陆地区的国际交往功能，畅通国内东西大通道，助力构建国家新发展格局。

四是东北科技创新中心，形成以沈阳为核心，联合大连为协同副中心，以长春、哈尔滨、盘锦为腹地的科技创新城市群。第一，沈阳和大连是我国东北地区的创新高地，R&D投入强度显著高于全国总体水平，年度研发经费支出均接近200亿元，万人发明专利拥有量均约为全国平均水平的2倍。第二，东北地区长春、哈尔滨已有较好的科技创新发展基础，研发经费投入达到百亿元左右的规模，企业创新有较好的技术储备，经济社会发展总体已处于较高水平。盘锦推进精细化工等产业创新发展成效显著。第三，沈阳区域科技创新中心的建设，能有力支撑老工业基地振兴、建设面向东北亚的科技创新中心，打造老工业城市创新发展的转型样板。

另外，建议培育建设6个省级区域科技创新中心。支持太原、呼和浩特、银川、贵阳、昆明、福州等城市建设省级区域科技创新中心。第一，这些城市是相关省份的经济中心、科技中心和人才中心，已具备一定的经济和科技创新发展基础，其中福州、太原、长春研发投入强度均在2%以上，昆明、贵阳研发投入强度均在1.7%以上，呼和浩特、银川研发投入强度均在1.6%左右，创新创业活动较为活跃。第二，在这些城市加快科技创新中心建设有助于我国形成自主、安全的创新网络与产业网络，推进能源、现代农业、新材料、数字信息等产业创新发展，更好发挥统一大市场优势，成为我国国际科技创新中心和全国影响力科技创新中心的有益补充，进一步完善国家区域创新体系。

第三节　加快布局我国区域科技创新中心

党的十八大以来，党中央对区域发展部署一系列重大战略举措，我国区域发展的战略格局日益清晰。新时期，要加快全国科技创新中心的建设布局，充分发挥科技创新的核心引领作用，有力支撑国家重大战略区域的发展。目前，新的科技创新中心建设已有较好基础，但相比国家的战略需求，其创新实力和效能都还有待加强。未来，要更加突出“有为政府”的作用，加快顶层设计，强化统筹协调，加快构建多层次区域科技创新中心的体系化布局。

一、加快制定全国科技创新中心布局建设总体方案

国家层面加强区域科技创新发展战略的总体设计，加快完成全国多层次科技创新中心的整体布局。研究制定国家支持沿长江领域、黄河流域和东北地区科技创新中心建设方案，明确区域科技创新中心在国家区域战略中的定位。加强对创新型省份建设的指导，引导和支持省级区域科技创新中心建

设。强化区域科技创新中心和北京、上海、粤港澳大湾区国际科技创新中心的网络联系。

二、优化国家科技创新资源配置

切实把创新摆在国家发展全局的核心位置，在科技中长期发展规划和世界科技强国建设行动纲要中，明确科教资源配置的区域战略和决策机制。加强科技与教育、人才、产业发展战略规划的有效衔接，推动部门间在科技项目、平台建设、人才培育等方面协同配合，共同助力区域科技创新中心建设。推进科研院所、高校和企业科研力量优化配置和资源共享，提升区域创新体系效能。

三、强化区域科技创新中心的国家战略科技力量布局

完善国家综合科学中心布局建设。加大对武汉、长沙、西安、兰州、郑州和济南省级城市重点高校“双一流”建设的支持，建设国家人才高地。研究推动更多大科学装置和国家实验室落地区域科技创新中心。加强区域科技创新中心在生物医药、新一代信息技术、海洋科技、航空航天、装备制造、节能环保等领域的核心关键技术研发能力建设。强化科技创新中心城市的创新枢纽功能，统筹部署次中心城市科技创新力量，快速提升区域城市群的科技创新竞争力。

四、提升区域协同创新发展水平

全面深化科技体制机制改革，完善区际协同创新的机制建设，研究制定关于建立区际协同创新机制的意见。加快探索建立规划制度统一、发展模式共推、治理方式一致、区域市场联动的区域一体化发展新机制，支持区域在园区共建、飞地经济发展、招商引资、项目合作、高企互认等方面的政策协调共享。建立健全科技成果和知识产权交易平台，完善科技成果转移转化和区域共享机制。完善省际创新工作会商机制，建立健全跨省城市政府间联席会议制度，加快区域科技创新中心一体化发展。

五、推动产业链、创新链和资金链融合发展

区域科技创新中心城市要全面实施创新驱动发展战略，坚持创新链、产业链、资金链融合发展。要依托国内大循环吸引全球高质量的商品、资本和人才要素，增强供应链黏性，稳定产业链布局，促进国内国际双循环更为畅通。强化科技创新政策与其他政策的协调统一，提高创新体系整体效能。强化国家高新技术产业开发区、经济开发区、自主创新示范区、新区、自由贸易试验区等开发区的协同布局，充分发挥各开发区在区域科技创新中心建设中的平台载体功能。

第五章 高质量发展背景下区域创新的定位研究

党中央、国务院对国家高质量发展提出了“进入新发展阶段、贯彻新发展理念、构建新发展格局”的要求，这同时对区域科技创新提出了新的要求。面对不断涌现的科学研究范式变革、技术突破带动重点产业重构、科技创新引发公平和效率问题激化等新趋势和新问题，需要对区域科技创新的定位进一步研究，提出以数字化、协同化的“大区域观”谋划区域创新政策，实现“研发投入”与“产业需求”并重和国家创新使命与区域创新需求协同。

第一节 区域创新的空间需求

国家科技创新从科技创新体系整体出发，对创新资源、创新主体及创新环节提出总体要求，各区域不仅积极落实国家对区域科技创新提出的要求，也各自根据自己的基础和优势提出了本地科技创新的要求，因此区域科技创新与国家科技创新对空间需求存在差异。

一、区域创新与国家创新需求差异辨析

党中央、国务院从国家层面强调“加强科技创新系统布局的重要意义”，认为“我国发展面临的国内外环境正在发生深刻变化，经济社会对科技创新不断提出重大而急迫的需求，必须坚持创新在我国现代化建设全局中的核心地位，深刻理解科技创新在推动高质量发展、构建新发展格局中的关键作用”，国家科技创新要聚焦“四个面向”，坚持问题导向，着力补齐短板，注重夯实基础，做好战略布局，强化落实举措。

（一）国家要在源头供给、技术融合、成果转化等方面进行顶层布局

一是提高引领前沿的源头供给能力，在更多领域成为全球创新引领者。全面加强基础研究和应用基础研究，促进自由探索与目标导向结合，自然科学与人文社会科学交叉融合。全面启动实施“科技创新 2030 ——重大项

目”，与国家科技重大专项形成梯次接续格局，对重大战略必争领域进行前瞻部署，形成更多创新引领的战略势差。

二是提高产业技术的融合发展能力，加快产业迈向中高端。强化关键共性技术、前沿引领技术、现代工程技术、颠覆性技术创新的系统布局，推进信息、能源、生物、材料等技术领域和产业发展的跨界融合，以数字化、网络化、智能化推动传统产业转型升级，支撑引领新兴产业的集群式发展。

三是提高创新创业的要素聚集能力，打造“双创”升级版。以科技型创新创业为主线，以融通发展、高端普惠、国际拓展、生态优化为方向，推动“双创”向更高层次、更优质量、更大效益、更广范围升级发展。完善“众创空间—孵化器—加速器—科技园区”创业孵化链条，推动众创空间向专业化、市场化方向发展。推动高校、科研院所和龙头骨干企业开放科技资源、转化科技成果，通过开放式创新降低新技术应用门槛，将我国打造成全球创新创业热土。

四是提高创新主体的先发突破能力，培育战略科技力量。以国家实验室为引领，加快推进国家科技创新基地的优化整合，建设一批世界一流的高校、科研院所和创新领军企业。在重大创新领域建设一批国家实验室，以突破型、引领型重大任务攻关为主线，统筹全国优势资源，探索建立适应国家重大目标和战略任务需求的运行管理机制。强化企业的技术创新主体地位，建设若干战略目标明确、运行开放高效、资源整合能力强的国家技术创新中心。

五是提高创新高地的辐射带动能力，构建各具特色的区域创新体系。紧紧围绕国家重大区域发展战略，以点带面，推动更多地方加快走出创新驱动发展的新路。加快北京、上海科技创新中心建设，支持雄安新区和粤港澳大湾区科技创新的顶层设计，优化国家自主创新示范区和国家高新技术产业开发区的建设布局。促进科技资源向农村基层流动，以科技创新支撑乡村振兴战略，助力打赢脱贫攻坚战。

六是高科技创新的开放合作能力，更加主动融入全球创新网络。不断拓展国际科技合作的深度和广度，把我国科技实力转化为全球创新治理的影响力，提升在全球创新规则制定中的话语权。加快实施“一带一路”科技创新行动计划，构建平等互利、合作共赢的科技创新共同体。构建全球领先的新技术、新产业标准体系，推动更多的中国产业技术标准成为全球通用标准。加快牵头组织国际大科学计划和大科学工程，为解决全球性问题贡献“中国智慧”。

七是提高创新资源的多元配置能力，构建创新友好的生态环境。在继续发挥集中力量办大事体制机制优势的同时，充分发挥企业和其他社会力量在前沿突破和新兴产业培育方面的作用。发挥中央财政科技投入的引导作用，建立地方、企业和其他社会力量多元化投入机制。鼓励企业加大对基础研究的投入，支持企业牵头承担国家科技重大项目。构建开源开放的科技创新平台，加强创新政策的普适普惠和精准支持，推动产学研用各类创新主体协同创新、融通发展。国家要提高领军人才的培育造就能力，建设一支结构合理、国际化水平高的科技人才队伍。依托重大项目和高水平科研基地，集聚和培养能够把握世界科技大势、研判创新方向的战略科技和高端专业人才，培育锻造具有全球战略眼光、创新精神和社会责任感的创新型企业家。扩大国家科技计划对外开放，与国际著名机构建立联合实验室，吸引国际顶尖人才来华工作。改革完善科技评价制度，加强科研诚信建设。营造全社会崇尚科学、尊重知识、尊重人才、致力创新、勇于创业、开放包容的创新生态和创新文化。

（二）国家关于区域创新的主要部署

相关措施和政策，涵盖了政府、企业、科研机构、园区、基地、平台等区域科技创新的主体，空间布局、联系等区域科技创新的网络，机制、政策、环境等区域科技创新的制度。

2012 年，《关于深化科技体制改革加快国家创新体系建设的意见》提出，“完善区域创新发展机制。充分发挥地方在区域创新中的主导作用，加快建设各具特色的区域创新体系”。2016 年，《国家创新驱动发展战略纲要》提出，“优化区域创新布局，打造区域经济增长极”“聚焦国家区域发展战略，以创新要素的集聚与流动促进产业合理分工，推动区域创新能力和竞争力整体提升”。在 2021 年区域创新的最新论述中，3 月，《中华人民共和国国民经济和社会发展第十四个五年规划和 2035 年远景目标纲要》提出，“支持北京、上海、粤港澳大湾区形成国际科技创新中心，建设北京怀柔、上海张江、粤港澳大湾区、安徽合肥综合性国家科学中心，支持有条件的地方建设区域科技创新中心”“强化国家自主创新示范区、高新技术产业开发区、经济技术开发区等创新功能”。5月，习近平总书记在“科技三会”上的重要发言指出，在区域创新方面，“各地区要立足自身优势，结合产业发展需求，科学合理布局科技创新。要支持有条件的地方建设综合性国家科学中心或区域科技创新中心，使之成为世界科学前沿领域和新兴产业技术创新、全球科技创新要素的汇聚地”。8月，最新的《科学技术进步法修订草案》中新增了区域科技创新部分的法条第六十八条至第七十三条。从相关的法律、规划和领导人重要讲话中，可以归纳出区域创新的政策点包括制定区域的科技规划；开展科学技术的研究和应用；开展科学技术的成果转化；确定区域的科学技术计划项目，并与国家科技任务衔接；组织产学研合作；建设发展创新主体（高校、院所、企业）；建设科技园区、基地、平台等载体（重点是区域科技创新中心、综合性国家科学中心、国家实验室、国家技术创新中心）；提高企业、科研机构绩效；提高科研人员绩效；通过财政税收进行支持。

二、区域创新的需求差异

各地区不仅积极落实国家对区域科技创新提出的要求，也各自根据自己的基础和优势提出了本地的科技创新要求。经济与科技发达的北京、上海提出建设参与全球科技竞争的国际科技创新中心；江苏、浙江、广东、湖北、安徽、四川、重庆等省（直辖市）提出建设区域科技创新中心和综合性国家科学中心；陕西、辽宁、内蒙古等省（自治区）提出建设制造业创新中心；青海、宁夏等省（自治区）提出开展区域间的科技开发合作。

深圳、苏州、厦门、无锡、宁波等中央级高校和科研院所多、高端科研人才集聚、原始创新能力强、市场化程度较高、技术创新能力强的城市也想走上科技创新驱动高质量发展之路，都提出要建设创新型城市。城市将创新型城市建设作为创新活动落地的抓手，各自根据自身科教资源、产业基础等，加强对中小企业创新的支持，发展壮大高新技术企业；着力完善人才管理、评价、流动、激励机制，培育引进高水平科技人才；着力建立产学研深度融合的技术创新体系，加快重大科技成果转移转化；着力提升高新技术产业开发区发展质量，促进高技术产业和战略性新兴产业发展；着力打造科技企业孵化器、众创空间等创新创业载体，推动双创迈上新台阶；着力加快政府职能转变，提升政府创新治理能力；着力探索具有自身特色的创新发展路径，打造区域创新示范引领高地。目前，国家批复的创新型城市已经过百，研发经费投入、地方财政科技投入、高新技术企业培育等方面表现突出。

第二节　我国区域创新的发展趋势

各地区的基础不同，经济、社会对创新的需求也各不相同，总体呈现出差异化、超前引领、上下融合等趋势。

一、差异化趋势

区域科技创新差异巨大。从省级行政单元R&D经费内部支出数据可以看出1000亿元、300亿元是两个比较明显的阈值，粤江浙鲁和京沪共6个省（直辖市）的R&D经费明显高于其他省份，12个省（直辖市）处于中上游，8个省份属于中下游，5个省份属于下游。前6个省（直辖市）的R&D经费累计占全国的58%，前18个省（直辖市）占全国的93%，后面省份的研发活动可以忽略不计。从城市的研发活动来看，北上深的研发经费遥遥领先，苏州、广州、杭州、武汉4个城市超过500亿元，西安、重庆、南京、天津、成都5个城市超过450亿元。其中，苏州、杭州、武汉、成都在R&D指标表征的科技创新方面正在进步，东莞、佛山、南通、常州、绵阳等城市也表现较好，而广州、南京、天津3个城市却在退步，呈现较明显的差异化趋势。

二、超前引领趋势

发达国家的现代化建设经验表明，一个国家经济社会发展的动力主要分为要素驱动、投资驱动、创新驱动、财富驱动等类型。要素驱动是指主要依靠土地、资源、劳动力等生产要素的投入，获取发展动力，促进经济增长，它一般适应于科技创新匮乏的现代化建设初期。由于受自然资源有限性等条件制约，单纯依靠这种发展动力实现经济增长，常常会产生环境污染和生态破坏等问题。投资驱动依靠的是持续的高投资和高资本积累，获取经济社会发展的强大动力。高投资和高资本积累不可能永远维持下去，在经济社会发展到较高阶段之后，这种投资驱动型发展模式就难以为继。我国现在东中部的大量省（区、市）已经进入创新驱动阶段，该阶段指经济增长主要依靠科学技术创新，通过技术变革提高生产要素的产出率，从而实现集约增长，科技作用于经济表现出超前引领的趋势。

三、集聚创新趋势

创新载体和创新活动适度的集聚有利于激发创新活力。创新不是孤立事件，并且不在时间上均匀地分布，而是相反，它们趋于集聚。我国的国家重大科技基础设施、国家重点实验室、国家工程技术研究中心、国家工程实验室、国家工程研究中心等国家级科技平台集中分布在北京、上海、江苏、浙江、广东、湖北、四川、陕西、山东等省（直辖市）。在省级区域内部同样趋于集聚，一般都集中在省会城市，或者省内经济发达的副省级城市，如大连、宁波、深圳等。

四、上下（中央 — 地方）融合趋势

区域通过地方立法、制定政策、设立机构、建立机制方式打通科技创新全链条，不只是简单落实中央政策。国家出政策、定标准，地方出机制、建机构，解决产学研中的真正难题。地方也提出具体的解决方案，由国家支持地方共同来实施。

中央的科技资源和地方的科技、经济资源正进一步融合，构建全链条的区域科技创新机制，融合趋势凸显。

第三节　区域创新在不同尺度的空间形式展望

我国逐渐形成了“城市群—都市圈—中心城市”的城镇空间格局。区域层面的创新空间不是城市向外蔓延，而是基于区域通道的主要节点。在区域层面进行协同创新，蛙跳式的点对点模式是最有效的。在区域尺度上，空间距离的重要性远远低于时间的效率。

一、创新城市群

城市群是城市发展到成熟阶段的最高空间组织形式，是指在特定地域范围内，一般以 1 个以上特大城市为核心，由 3 个以上大城市为构成单元，依托发达的交通通信等基础设施网络所形成的空间组织紧凑、经济联系紧密、并最终实现高度同城化和高度一体化的城市群体。

创新城市群更强调城市间的创新联系。例如，长江三角城市群，以上海为核心，有南京、苏州、杭州、宁波等大城市为支撑，还有无锡、常州、绍兴、芜湖等具备标准线以上的科技能力的大中城市。发展创新城市群，强化城市群的创新职能，能够充分发挥上海科技创新中心龙头带动作用，强化苏浙皖创新优势，优化区域创新布局和协同创新生态，深化科技体制改革和创新开放合作，着力提升区域协同创新能力，打造全国原始创新高地和高精尖产业承载区。除此之外，广深、成渝等都能成为创新城市圈，通过共建一批高水平创新基地、共同打造重大科技基础设施集群、共同实施重大科技项目、强化区域优势产业创新协作等途径，可以达到创新主体高效协同、创新资源高效配置、提升城市群产业技术创新水平的作用。

二、创新都市圈

都市圈发展速度远高于其他地区，成为我国人口、产业和资金的重要流入地，也是我国经济和科技活动的主要空间载体。从定义来看，都市圈为以超大特大城市或辐射带动功能强的大城市为中心、以 1 小时通勤圈为基本范围的城镇化空间形态。都市圈一般对应 1 小时交通圈（依托道路和轨道交通）。《国家发展和改革委员会关于培育发展现代化都市圈的指导意见》（发改规划〔2019〕328 号）和自然资源部《市级国土空间总体规划编制指南（试行）》，都将都市圈界定为 1 小时通勤圈。都市圈的界定和识别需要确定中心城市和辐射范围。首先是确定都市圈的中心城市，选取城区人口 300 万人以上的大城市作为都市圈中心城市的原因是：第一，300 万人以上的大城市、特大城市和超大城市基本已具备都市圈中心城市的规模实力；第二，是因为 300 万人通常是城市基础设施布局及行政政策常用的标准，可以由此衔接发展战略中需要引导培育的都市圈。2017年，城区人口300万人以上的城市共有38个，其中包括了22个省会城市和5个计划单列市，除汕头、温州以外的其他36个城市均在“十三五”规划确定的19个城市群范围内，处于城市群的核心地带。

创新都市圈重点强调中心城市与周边城市化地区的创新活动联系，以此将一部分经济有关联，但将核心城市与周边缺乏科学技术关联、技术产业关联的城市圈排出去。

创新性是创新都市圈持续发展的核心特质。2020年，我国研究与试验发展经费支出达到24 426亿元。都市圈集聚了大量科研院所和高新技术企业，是我国科技资源的密集区，也是创新的主要来源地。

首都都市圈、上海都市圈、深圳都市圈、广州都市圈、南京都市圈、杭州都市圈和西安都市圈等都是特征明晰的创新都市圈，在研发投入强度及科技资源、人才密集程度方面表现突出。西安是西部地区研发投入强度最高的城市，2019年，西安5.17%的研发投入强度位居全国第二，仅与北京6.31%的研发投入强度相差1.14%，这与西安都市圈内高校及科研院所众多，科技型企业比重较高有很大关系。广州都市圈由广州、佛山、肇庆和清远4个城市组成，近年来强化协同发展，推行广佛同城、广清同城等发展战略，特别注重粤港澳大湾区协同创新，引导都市圈科技创新要素流动，在关键核心技术攻坚、企业技术创新能力构建和创新人才团队建设方面共建共享，以都市圈协同创新建设推动粤港澳大湾区国际科技创新中心建设。深圳都市圈由深圳、东莞、河源、惠州和汕尾5个城市组成，有着活跃的技术创新能力、丰富的创新要素及快速发展的先进制造业与高新技术产业。其中，深圳的研究与试验发展经费支出不断扩大，占地区生产总值的比重一直保持上升趋势，从2009年的3.41%上升到2020年的4.9%，是全国平均水平的两倍，在基因测序、互联网、三维显示、柔性显示、新能源汽车、无人机和超材料等领域的创新能力处于世界前沿。随着都市圈集聚人口和经济活动的优势愈发明显，北京、深圳等创新都市圈的科技创新能力将进一步放大，成为“科技—经济”正向循环的超大核心，成为我国全面参与全球竞争的核心空间载体。

三、创新城市

创新城市是指主要依靠科技、知识、人力、文化、体制等创新要素驱动发展的城市，对其他区域具有高端辐射与引领作用。

创新城市通常具有以下基本特征。从供给侧来看，创新城市较强的综合经济实力和较大人口规模；具有便利快速的对外交通联系；拥有较强的对外经济联系和广泛的外部市场；集聚一大批多样化高层次创新人才；吸引大量具有高研发能力的组织机构入驻；具有发达的科技中介机构和科技服务能力；建成知名的创新平台和空间载体；具有开放性和包容性的创新文化氛围。从需求侧来看，创新型城市要有高品质的研究机构、研究人员和领军人物；研究机构和研究者集聚；创新机遇多；研究经费和生活补助费充足；研究领域就业机会多；日常生活环境好。

创新城市是由中央创新区、创新街区、科技园等实实在在的创新空间支撑而成。①中央创新区在功能方面以知识创造和研发转化为核心活动，是城市区域创新网络的核心节点。区内各类支持、配套、衍生要素环境高度集聚且组合流畅，社区呼应良好，城市的服务体系和基础设施完善，主体之间横向的创新合作十分发达。中央创新区（CID）还同中央商务区（CBD）达成无缝沟通，成为金融服务支撑科技创新的关键交集。②创新（街）区是城市内部新的创新空间形式。美国的费城创新区、纽约“硅巷”和我国的上海环同济设计创意集聚区都是创新区的代表。③科技园再开发强调功能组合及相互间的协同互动，但更加强调研发、生产的创新功能。通过不断建设和功能构建，与城市逐渐融合到一起，成为城市的重要功能区。在具体实践中，多数城市的科技园都属于此类创新功能区。此外，还有科学城的创新集聚形式。科学城既可以是筑波科学城这样的特大城市郊区的小型城市，也可以是西伯利亚科学城这样的独立城市，是一种集合学习、创新、研发、生产等多功能的创新综合体，其内容已远远超过“产业”或“企业”本身，还包括与大学城及高科技产业园区之间的互动融合。该类城市创新空间一般具有较强独立性，创新文化突出。

四、区域创新的空间形式展望

从区域创新的空间形式来看，创新城市群、创新都市圈、创新城市、科学城等形式并无高下之分。例如，北京的科技创新以科学研究和软件开发为主，主要体现为海淀集聚区与周边地区的大型科学装置、产业区的联系，与天津、河北的联系并不强，由于空间尺度较大且交通网密度较大，主要体现为创新都市圈的形式。再如，广州和深圳组成的组团中，广州拥有大量中央直属的高校和科研院所，主要体现为科学研究职能，深圳拥有大量工业研究院和创新企业，主要体现为技术开发职能，临近的香港和澳门在科学技术研发方面能力弱规模小，只能起到对外开放节点的作用，粤港澳大湾区的说法不如广深创新城市群贴切。武汉本身高校院所和创新企业众多，但周边没有科学技术研发能力强的大中城市，是典型的创新城市。四川的绵阳以核研究为特色，主要承担国家科技任务，是较为典型的科学城。从区域创新的空间形式的未来发展来看，各种创新的空间形式会在现有的基础上继续升级，但不会也不适于进行城市到都市圈到城市群的形态大转变。

第四节　加强国家与区域创新协同

“十四五”时期，我国向创新型国家前列迈进，扎实推动实现全体人民共同富裕取得实质性进展。聚焦发展目标和阶段性要求，国家创新体系视角下的区域创新需要以全国一盘棋的大局出发，形成各具特色的区域创新体系，高效支撑国家战略任务。

一、以数字时代的“大区域观”谋划区域创新政策

未来区域创新要在战略谋划上做好前瞻研究、提早统筹布局，从跟随区域经济布局转向主动谋划创新布局上来，主动创造区域新动能、引领高质量经济发展。一是，在考虑节点型创新城市基础上，从跨越省级行政区的“大区域观”来来统筹全国资源整体布局，拓展促进区域创新多样化、多极化发展、协调发展的新路径。二是，适应数字经济新形势，区域创新体系既要考

虑空间距离，又跳出空间位置局限。一方面，适应区域创新由地理临近性转向时间可及性的新变化，增加区域合作和协同的频率与强度；另一方面，适应云计算、大数据等技术工具实现空间距离跨越新手段，促进知识“软性流动”，实施更加丰富的协调政策。破除创新要素跨区域、跨行业高效流动的障碍，促进创新要素国内高效循环，在人才方面“不为所有，但为所用”促进人才合理流动和共享；在信息、数据方面，建立跨区域共享机制，加速“软边界”扩展；在技术、资本等方面，加强多要素融合，促进技术转化向现实生产力。

二、“研发投入”与“产业需求”并重

区域创新政策要避免仅仅关注研发投入多、科技资源富集的地区，降低区域创新布局的整体性、统一性不足风险。充分考虑研发外溢型创新、发展需求倒逼型创新两大模式的差异。对于R&D活动丰富、科技资源密集的区域，要加强技术扩散、技术转移和经济活动延伸。对于研发活动、科技资源不密集的地区，要发挥原有产业基础优势，通过更广泛的开放创新、包容创新、协同创新，反向促进R&D活动，提高区域创新活跃度。

适应新技术催生新产业、新业态趋势，新时期区域创新要着力解决“产业同质化”问题。一是扩展各区域因地制宜探索新路径的空间。一方面，对于创新发展态势好的区域，深入研究产业演化路径、产业基础和产业结构，探索技术与产业融合的新方向；另一方面，对于产业单一且高度专业化的区域，可探索引入或建立新组织，完善产业融合机制，探索产业跃升的新路径，打破负面锁定或路径依赖。例如，东北地区的老工业基地，可以借鉴德国鲁尔工业区的经验，依靠科技赋能和创新发展，由煤炭能源重工业基地转型为多产业协调发展的创新区（魏中海 等，2016），实现向新兴产业转型升级。二是促进更加广泛、更大力度的开放合作推动区域创新。国家区域创新政策要充分利用数字经济为创新提供的条件，支持更广泛的区域合作。建立东西部合作、南北方合作机制，促进创新资源缺乏、组织薄弱的地区与外部的联系和合作，“借力”提升创新能力，形成“先富区域带后富区域”协同创新的新局面。

三、兼顾国家使命和区域特征

作为国家创新体系的重要部分，区域创新体系要兼顾国家使命和区域特征、兼顾国家战略和区域利益。这对区域创新体系提出更高要求，必须处理好具有普遍意义的“共性特征”和具有地域特色的“个性特点”，避免出台不符合实际的“一刀切”政策和“锦上添花”的低效政策。特别是，聚焦国家重大战略的科学探索、基础研究等创新链前端的活动，跨地域、跨部门、跨学科的开展的联合技术攻关等重大问题，受 GDP 考核影响和地方利益驱动，单一省（区、市）极少关注，但事关国家战略，因此要加强全国统筹布局，推进区域科技创新中心和区域创新高地建设。将国家发展的优先事项与区域特征、区域优势相结合，错位部署承载地，形成不同区域既交错融合又优势互补的创新体系。

第六章　区域创新布局差异化政策研究

本章首先系统梳理了党的十八大以来国家层面出台的区域发展指导意见和规划，总结了我国区域发展规划和区域科学城创新政策的基本特点。其次，进行了差异化地方创新政策研究。考虑到区域层次的复杂性，并且国家层面的、跨省域的需要国家出面协调来推进的区域创新布局，本部分从全新的视角：京津冀、长三角、粤港澳大湾区，长江经济带、黄河流域，东北、中部、西部（即“3+2+3”），按照时间脉络和对不同区域的布局进行梳理，总结了各区域在今后发展中的侧重点，归纳了其中有关区域科技政策的主要特征和发展趋势。最后，在以上分析的基础上，就未来我国区域科技创新发展还存在的不足和薄弱环节，提出相应的对策和建议。

第一节　我国区域发展规划的特征

党的十八大以来，我国已经或正在出台、批复的涉及区域发展的指导意见或规划超过100个，既涉及东部、东北、西部、中部等传统区域，也涵盖京津冀、长三角、粤港澳大湾区和成渝等新时代国家战略板块。党的十八大后，围绕新时代国家战略区域发展的总体部署，除各省（区、市）相继发布区域发展规划外，国家层面已基本完成了全国区域的战略布局，充分体现了国家对于区域发展的高度重视（本章所整理的具体文件）。

一、党的十八大以来我国区域发展规划的基本特点

党的十八大以来，国家在区域规划和政策文本方面的批复数量之多、审批层次之高、政策出台之密集是前所未有的。梳理这些文件，我们发现有以下突出特点。

（一）区域发展规划呈现密集化和体系化发展态势

新时代在“五位一体”总体布局的战略指导下，国家围绕重点区域，密

集出台系列规划和配套政策，为该区域准确领会中央顶层设计精神、及时校准发展方向发挥了根本效用，也为政策的体系化构建做了系统布局。例如，围绕如何实现京津冀区域协调发展的同时，更好使北京实现创新驱动发展、打造具有全球影响力的科技创新中心等战略问题，2016 年后陆续出台了《京津冀系统推进全面创新改革实验方案》和《北京加强全国科技创新中心建设的总体方案》。为保证首都北京有序发展，进一步密集出台“一揽子”计划，涵盖科技创新中心、改革实验、扩大开放、副中心、首都功能核心区、雄安新区、天津自贸区等，政策体系化特征日趋明显。这些文件的陆续出台，对保证京津冀沿着正确轨道发展发挥了“保驾护航”的作用。

（二）不同区域在路径选择上的异质性政策安排日益明显

在协调发展大背景下，各区域在政策措施安排上发生了重大变化。基于现实发展需求，在评估以往政策措施成效基础上，针对各区域推出了更加精准的政策措施，如东北振兴，在新时代重在依托主要核心城市打造国家自主创新示范区（简称“国家自创区”）。在具体做法上，国务院于 2016 年出台的《关于深入推进实施新一轮东北振兴战略加快推动东北地区经济企稳向好若干重要举措的意见》中，直接要求由中央部委或三省政府直接牵头负责，以加强创新载体和平台的机构改革与整合。而同时期针对中部崛起，虽然国家自创区建设也是实现当地创新驱动发展的重要措施，但更多的是侧重于依托领军企业组建行业创新联合体和创建国家科技成果转移转化示范区，更加倚重市场化路径，带动布局建设一批综合性中试基地，建设中部地区技术交易市场联盟及推动技术交易市场互联互通①。

（三）重大战略目标凸显“极化”特点

围绕打造具有全球影响力的科技创新中心这一重大战略目标，在京津冀、长三角、粤港澳大湾区等优势区域，对优势资源进行“极化”布局，即推动北京、上海等优势地区建成国际科技创新中心，提升京津冀、长江经济带等国家战略区域科技创新能力，打造区域协同创新共同体，统筹和引领区域一

① 中共中央 国务院关于新时代推动中部地区高质量发展的意见［EB/OL］.（2021-07-22）［2022-04-21］. http: //www.gov.cn/zhengce/2021-07/22/content_5626642.htm.

体化发展，并且充分尊重各区域发展现实，在具体落实方面给予区别对待。

京津冀协同创新一体化，从文件出台时间和设计初衷看，涉及三地协同发展的主要政策文件共有3个，分别是《京津冀协同发展规划纲要》（2015）、《北京加强全国科技创新中心建设总体方案》（2016）和《河北雄安新区规划纲要》（2018），重在疏解非首都功能，进而将北京打造为全国科技创新中心和区域整体协同发展改革引领区。而长三角一体化，重在“高质量”和“一体化”两个发展支点上。在政策出台方面，江浙沪皖均有配套政策出台，且围绕重点地区如上海的配套则更为微观聚焦。例如，2015年出台《全面深化中国（上海）自由贸易试验区改革开放相关方案》后，2019年推出《中国（上海）自由贸易试验区临港新片区总体方案》，2021年再推出《关于支持浦东新区高水平改革开放打造社会主义现代化建设引领区的意见》。围绕一体化，2019年中共中央、国务院印发了《长江三角洲区域一体化发展规划纲要》；围绕高质量，2020年，科技部还专门印发《长三角科技创新共同体建设发展规划》。

（四）区域协调与均衡化受到高度重视

通过出台和批复一系列国家宏观层面及跨行政区的区域规划和政策性文件，推动“老少边穷”地区脱贫攻坚与创新发展。宏观层面，国务院及相关部门围绕新型城镇化和城乡融合发展等重点任务出台文件，重在通过深化新型城镇化来带动辐射新农村建设，推动基础设施和公共服务向农村延伸，实现城乡产业融合发展，推进异地扶贫搬迁与新型城镇化结合。在区域协调发展层面，各区域陆续推出一系列针对欠发达地区的发展政策，如先后批复了图们江（珲春）、左右江革命老区、云南勐腊（磨憨）、川陕革命老区、沿边重点地区、广西百色、新疆塔城等重点开发开放试验区。通过区域合作，分享可操作可复制的成功经验，带动各区域均衡发展，共享发展成果。

（五）绿色发展成为区域发展的重要内容

党的十八大以来，围绕绿色发展的整体部署，国家层面也进行了系统全面的政策部署。早在2016年，国务院就发布《中国落实2030年可持续发展议程创新示范区建设方案》，推动可持续发展，构建创新示范区。2017年先后制定江西和贵州两个国家生态文明试验区实施方案。在区域发展层面，也围绕可持续发展展开了专项布局。例如，天津生态城建设国家绿色发展示范区、洞庭湖生态经济区、晋陕豫黄河金三角合作示范区、长三角生态绿色一体化发展示范区、国家生态文明试验区（海南）等。围绕长江、黄河再出台专门配套的绿色生态政策，这些政策的出台，纠正了长期以来国家和地方在区域发展中对资源环境的忽视。

二、党的十八大以来我国区域发展规划中科技政策的特点

从党的十八大以来国家出台、批复的一系列区域发展规划、指导性文件看，科技政策都是其中重要的组成部分。梳理分析区域发展政策可以发现，不论是国家宏观战略层面还是各区域具体的部署，都将科技纳入支撑经济发展主战场。总体看，助力区域发展的科技政策有如下特点。

（一）跨区域的科技政策受到高度重视

跨区域的科技政策除传统上支持战略性新兴产业发展、创新驱动外，还被纳入协同一体化发展规划的编制中，科技成为经济发展的重要支撑。例如，城市群规划、中心城市规划、专业特色小镇规划等，重点培育发展城市群和新生中小城市，如《长江三角洲区域一体化发展规划纲要》中就明确指出，既要构建区域创新共同体、联合提升原始创新能力，又要加强产业分工协作、共同推动制造业高质量发展。切实加强创新链与产业链跨区域间协同。此外，一些科技实力较强的区域在落实东西部科技合作要求方面，还拿出了具体的有关创新能力培育、育才引才用才等诸多方案。

（二）各区域科技政策在承担国家使命方面的区分度不够

通过政策梳理发现，针对不同层级区域之间如何实现创新资源的合作利用，围绕全球科技创新中心建设这一相同战略目标的不同区域又如何实现错位发展等问题，仍未有清晰化的战略考虑。区域科技政策或存在针对性不强，或存在政策规划雷同、区域间政策区分度不足等突出问题，导致优质科技资源面临过度竞争形势。以东部三大国家自创区为例，北京中关村两大主导产业——新一代信息技术、生物与健康，四个重点产业——先进制造、现代交通、新能源与节能环保、新材料；上海张江三大先导产业——集成电路、生物医药、人工智能；深圳优先发展——生命健康、人工智能、新一代

信息技术。产业发展雷同面大，创新赛道过于单一，高端稀缺资源存在过度竞争的风险。

（三）支撑区域协调的科技政策在引领力上有待加强

创新是引领发展的第一动力，对比新近出台的区域发展政策和科技政策可发现，往往是在该区域协同一体化政策出台之后，再单列一个创新政策作为补充。鲜有先出台区域的科技政策，而后再被吸纳区域协调规划中。例如，2019 年 12 月《长江三角洲区域一体化发展规划纲要》出台；2020 年 12 月，围绕长三角科技创新共同体建设，又单独出台了针对性规划文本。这一方面表明，科技政策在支撑区域协调发展方面的主动引领力和权威性还有待加强；另一方面表明，在区域总体发展的构想中，科技的权重不够，“话语权”不高，部分规划也尚未将科技政策吸纳入系统布局。

（四）区域科技政策与经济发展政策间的协调与配套尚需完善

科技政策执行与区域发展规划相衔接，是提高政策效能的有效方式。如何更有效地共享高质量科技创新资源，是当前面临的迫切任务，如国家实验室作为国家战略资源，无论是科研成果的绩效考核还是未来成果转化后的收益分配，坐拥该实验室的省份与其他省份如何划分利益，相关单位又如何厘清权责利等，都是目前科技政策需要直面的现实问题。另外，区域规划存在地域差异，区域的协调发展也呈现阶段化特征，而科技支撑经济社会发展是一项长周期、连续性的系统工程，短期内不太容易产生重大经济效益。因而一些经济实力较弱区域，在推进科技政策方面往往积极性不足，主体参与度不高。

第二节　差异化地方创新政策

本节聚焦国家顶层创新战略《国家创新驱动发展战略纲要》（2016）［简称《创新纲要》（2016）］中的区域创新布局，发现围绕跨区域的科技创新战略，共有 3 个层面的表述。通过梳理各区域发展政策后，重点回答两个问题：一是各区域在出台的重大战略规划中涉及的科技创新领域，与《创新纲要》（2016）在战略部署上存在哪些差异，可能的原因是什么？二是相同层级的不同区域在落实顶层设计上又存在哪些差异，出现这些差异的原因是什么？

与区域创新布局相匹配的差异化政策，是以不同区域多元化创新水平为基础、区域内各主要载体之间的相互关系（即创新模式）为重要考量，来实施的符合该区域创新驱动发展战略的政策。由于区域的概念层次复杂，本部分界定为国家层面的、跨省域的需要国家出面协调来推进的区域创新布局，主要包括京津冀、长三角、粤港澳大湾区，长江经济带、黄河流域，东北、中部、西部（即“3+2+3”）①。它与传统的东、中、西、东北四大板块的区域政策既一脉相承，也具备与时俱进性。京津冀、长三角和粤港澳大湾区的核心地位进一步凸显，其原因就在于新时代我们提出了更高的创新发展要求，要打造具有全球影响力的科技创新中心。长江、黄河两大流域则进一步突破了东中西的传统区域布局，其逻辑起点就在于构建国内大循环为主体、国内国际双循环相互促进的新发展格局。传统的东、中、西、东北四大板块，在新格局态势下也出现了许多重大的变化。

一、地方在落实国家顶层设计上存在差异

2016 年 5 月，中共中央、国务院印发《国家创新驱动发展战略纲要》（2016）[简称《创新纲要》（2016）]，明确强调科技创新是提高社会生产力和综合国力的战略支撑，将创新摆在国家发展全局的核心位置。2020 年，随着我国正式进入创新型国家行列，在迈向创新型国家前列的关键节点，迫切需要在高新技术产业发展、关键核心技术攻关、新动能培育和国家重大工程建设等方面的支撑。然而由于我国幅员辽阔，不同区域之间在经济发展水平、创新资源调配能力和优势产业培育等诸多方面存在较大差异，各区域内部在落实方面依然存在信息不对称、各创新主体间缺乏有效协调、创新要素流通长期存在体制机制阻碍等诸多不易打通的“堵点”，叠加区域层面主观上存在争抢创新资源的现象，极易造成产业布局趋同、创新资源使用效率降低的不良局面。因此，关注国家创新战略顶层设计引领下的区域政策差异化，有利于尽早规避不良风险。

① 成渝地区虽已提升为国家战略，但通过对比《创新纲要》（2016）后发现，该地区与西部战略重合度较高，故而未在单列，特此说明。

二、地方创新政策与国家顶层设计的对标分析

（一）顶层设计

为了加快落实《国家中长期科学和技术发展规划纲要（2006—2020年）》提出的建设各具特色和优势的区域创新体系的要求，以及《创新纲要》（2016）的战略部署，跨区域科技创新战略主要围绕以下3个方面展开。

一是构建各具特色的区域创新发展格局。东部地区侧重提高原始创新和集成创新能力，培育具有国际竞争力的产业集群和区域经济。中西部地区走差异化和重点领域实现创新跨越式发展道路，壮大区域特色经济和新兴产业。二是跨区域整合创新资源。总原则是推动区域间共同设计创新议题、互联互通创新要素、联合组织技术攻关。例如，京津冀、长三角、粤港澳大湾区等国家战略区域的目标是打造区域协同创新共同体，统筹和引领区域一体化发展。同时，围绕战略区域依然需要建设一个核心，如推动北京、上海等优势地区建成具有全球影响力的科技创新中心。三是打造区域创新示范引领高地。侧重于优化国家自主创新示范区、国家高新技术产业开发区布局，开展创新型省份和创新型城市建设。

以上3个方面的部署在区域科技创新布局上互有交叉，东部地区侧重提高原始创新和集成创新能力，而国家战略区域也主要在东部，在推动北京、上海等核心地建成具有全球影响力科技创新中心的同时，还要打造区域协同创新共同体，统筹和引领区域一体化发展。中西部地区主要走差异化和重点领域创新道路，重点围绕壮大区域特色经济和新兴产业布局和建设。

（二）各区域创新政策在对标上存在差异

一是不同层级的区域在政策设计理念上存在差异。对于第一个“3”，三大经济区域有不同的定位和各自的优势。粤港澳大湾区重在发挥港澳融入国家发展大局的积极作用，发挥在“一带一路”建设中的重要节点和枢纽作用，发挥在打造世界级城市群中的支撑、引领和示范作用。长三角区域一体化面向更大的亚太市场，协同解决长江经济带纵向发展问题。京津冀协同发展旨在建设以首都为核心的世界级城市群，带动环渤海地区协同发展，重在疏解北京非首都功能、高标准建设雄安新区。对于“2”，即长江经济带和

黄河流域，一方面围绕生态保护和可持续发展重点施策；另一方面所涵盖区域横跨东中西部，则需要多层次多等级地协调推进创新，这与《创新纲要》（2016）的顶层设计理念存在一定差异。对于第二个“3”，即东北振兴、中部崛起、西部开发均涉及传统区域上的创新政策，则可归并到《创新纲要》（2016）对中西部的创新发展要求上，但它们之间存在政策差异。

二是相同层级不同区域间存在诸多差异。即便已有顶层设计的《创新纲要》（2016），对不同区域也做了较为翔实的划分和布局，但通过对照梳理发现，各区域由于在整体设计理念上的差异，叠加各自创新资源、创新要素配置和调度水平，宏观政策对创新领域的倾斜程度等的诸多差异，故而在对标《创新纲要》（2016）上也必然呈现各区域特色。

（三）京津冀、长三角、粤港澳大湾区三地在创新驱动设计上各有侧重

一是京津冀，侧重点在强化北京对创新资源的富集能力上。从文件出台时间和设计初衷看，涉及三地协同发展领域的主要政策文件共有 3 个，分别是《京津冀协同发展规划纲要》（2015）、《北京加强全国科技创新中心建设总体方案》（2016）和《河北雄安新区规划纲要》（2018）。其中《京津冀协同发展规划纲要》（2015）发布在《创新纲要》（2016）之前，可认为不具有对标性质。该文本中没有涉及区域协同创新共同体的内容，以及如何打造具有全球影响力科技创新中心的部署。即便是三地协同的纲要，也主要聚焦于把北京打造为全国科技创新中心和区域整体协同发展改革引领区的战略定位。与随后的《创新纲要》（2016）相比存在一定的相似性，但政策重点显然不是为创新驱动设计，而是为疏解非首都功能。

从文件落实《创新纲要》（2016）的着力点看，对如何构建各具特色的区域创新发展格局，该区域着重在两个方面发力：一是着力增强北京的原始创新能力；二是北京通过工程项目，带动津冀各自占比较高产业，如生态环境建设、新能源开发应用、废弃资源利用等方面的协同发展，进而在可合作产业的创新工程中，围绕津冀两地在钢铁、建材等传统产业上的转型需求，实现三地在新技术应用示范工业设计、科技服务、文化创意等新业态上的共同推进。

二是长三角，从文件出台时间看，长三角是“3”个对标国际科技创新

中心中成立时间最晚的。从随后出台的时间节点上看，政策对标《创新纲要》（2016）较全面。该区域共有两个主要规划政策:《长江三角洲区域一体化发展规划纲要》（2020）［简称《一体化纲要》（2020）］和由科技部牵头长三角三省一市共同编制的《长三角科技创新共同体建设发展规划》（2020）［简称《创新共同体规划》（2020）］。其中,《创新共同体规划》（2020）是对《一体化纲要》（2020）的落实细化。从政策设计初衷看，重在高质量发展和长三角一体化两个支点上。同时在“高质量”和“一体化”中创新驱动都占有较大比重，因此对顶层设计《创新纲要》（2016）的对标也更为聚焦。从文件落实《创新纲要》（2016）的着力点看，对如何落实特色区域创新发展格局，在《一体化纲要》（2020）中就已详细提出，到2025年区域协同创新体系基本形成，全面建立一体化发展的体制机制，真正建成全国重要创新策源地。对如何跨区域整合创新资源，也聚焦区域创新共同体和打造具有全球影响力科技产业创新中心的战略目标。由科技部牵头的《创新共同体规划》（2020），则进一步细化了分两步走对标《创新纲要》（2016）的实施方案，因而在操作层面更具科学性和实践性。

三是粤港澳大湾区，从文件出台时间和设计初衷看，从确立大湾区为国家战略，到规划及相关政策出台的时间，都有对标《创新纲要》（2016）自己的　套架构体系。对如何落实特色区域创新发展格局，跨区域整合创新资源和打造区域创新示范引领高地,《粤港澳大湾区发展规划纲要》（2019）从构建开放型区域协同创新共同体、打造高水平科技创新载体和平台、优化区域创新环境等3个方面进行落实。对于创新共同体，更多的是希望增强内地与香港、澳门在科技创新方面的融合发展潜力。一方面希望借此国家战略，建设“广州—深圳—香港—澳门”科技创新走廊，成功推动香港、澳门融入国家创新体系；另一方面希望利用港澳的国际化前沿平台，能更好地把大湾区打造成真正的国际科技创新中心。从文件落实《创新纲要》（2016）的着力点看，明确把打造具有全球影响力科技创新中心作为基本战略定位之一。其中特色在于，除了提出建设全球科技创新高地外，还要打造新兴产业重要策源地。

（四）东北、西部、中部对标异质性显著扩大

东北通过建设平台，对标国家自主创新示范区；西部对标区域创新高

地和协同创新共同体；中部聚焦核心城市，打造国家科技成果转移转化示范区。

从三大区域文件的出台时间和设计初衷看，都在《创新纲要》（2016）出台之后。从文件落实《创新纲要》（2016）的着力点看，东北地区重在打造国家自主创新示范区，主要依托主要核心城市，依靠中央及各部委牵头来加强创新载体和平台的机构改革与整合。西部地区一方面打造区域创新高地，主要通过在特色优势领域优先布局，建设国家级创新平台和大科学装置；另一方面打造协同创新共同体，通过在西部地区布局建设一批应用型本科高校，以及实施东西部科技创新合作战略，实现跨越式发展。中部地区一方面在产业领域依托领军企业打造行业创新联合体；另一方面创建国家科技成果转移转化示范区，注重布局建设一批综合性中试基地，建设中部地区技术交易市场联盟，推动技术交易市场互联互通。

（五）长江经济带与黄河流域创新政策是对《创新纲要》（2016）补充

长江经济带与黄河流域重大国家战略的提出，是基于国家新的发展形势与要求。两大流域覆盖东中西部区域，其创新政策的出发点，不是培育具有国际竞争力的产业集群和区域经济，而是更多地从生态保护和涵养生态角度，对中西部地区加快通过科技创新驱动、实现当地产业差异化发展及如何更好更快地壮大区域特色经济和新兴产业提出了明确要求。例如，在黄河流域，着眼点放在传统产业转型升级和战略性新兴产业协同创新上；在长江经济带，侧重通过完善区域创新体系来增强创新能力，通过推动产业技术创新平台建设来更好地加快全流域科技创新成果转移转化和激发社会创新创业活力等。

三、主要结论

一是不同层级的区域创新政策在对标《创新纲要》（2016）时，根据不同区域的现实条件，政策出台带有明显的分层引导倾向。政策制定在充分考量对标国家战略的同时，也充分照顾到了不同层级地区在创新资源配置和未来发展的需要。

二是相同层级不同区域政策在对标《创新纲要》（2016）上出现较大差异，因各地区本身创新发展侧重点、优劣势存在不同，在对标的同时，结合自身发展需要，对本区域创新政策进行了改进与创新。

三是适应新形势变化出台的国家战略，重点在于结合国家对该区域的战略需要来开展政策设计，创新政策在其中虽然只占支撑发展地位，但如何精准科学施策、实现高质量一体化发展，仍然有较大探索空间。

第三节　完善我国区域科技政策体系

我国区域科技政策体系的建设，尤其是广大中西部地区的科技政策体系的构建过程还比较缓慢，如何抓住科技创新的“牛鼻子”，更好更快地促进科技发展至关重要。要认识到区域科技政策体系建设属于长期任务，在完成过程中还会面临很多问题，但根本还是在理顺科技发展的体制机制，围绕科技促发展各部门如何更好地展开协调配合，地方与中央如何更好发挥协同配合等方面。

一、构建区分度更加明晰的区域科技发展协调机制

针对相同的新兴产业，如新一代信息技术、生物医药，国家需要进一步在评估各区域优劣势基础上，或是划分出各自擅长领域“区分赛道”，或是围绕同一产业链的不同环节展开科研攻关，逐步引导编制重点区域科技发展专项规划及指导意见，实现各区域高质量错位发展新格局。各级地方政府也应切实结合本地区科技资源禀赋，建立自查和自我评估机制，及时掌握本区域在该产业中的优劣势，制定更加翔实的落实保障措施，同时建立起配套的奖惩激励措施。此外，在区域内和跨区域之间推动创新资源的互利共享，可能存在一定的异质性，或是源于体制机制造成的壁垒，或是由于各省区为争夺有限资源、抢占赛道而出现合作“卡壳”。各级政府应高度重视其中可能存在的风险点，深究合作困难的根源，共同协商加以解决，真正实现区域内和区域间共商共建共赢。

二、加快自创区与自贸区“双自联动”融合发展

自贸区可借鉴自创区在培育科创企业方面的梯度体系建设经验，破除企

业创新发展的瓶颈制约，提升区域贸易的科技含金量和附加值水平。同时，自创区则应借鉴自贸区先行先试政策，破解科创企业在对外开放过程中存在的难点和痛点，与自贸区形成“双自联动”的发展新态势。在有条件的区域将国家实验室、国家重点实验室体系与自贸区相结合。

可尝试在自贸区里单独开辟一块新区域作为自创区试点区域，将其纳入国家层面，作为推进区域科技政策的有效实验场。在不重叠区域实现“互补联动”，如对照自贸区，尝试让自创区同步获得省级管理权限的下放，争取将部分下放至自贸区的国家级管理权限，同步下放至条件成熟的自创区。在自创区重点推动政府职能转变、投资管理、贸易便利化、金融创新与开放、综合监管等领域的制度创新，力争形成一批跨区域、跨部门、跨层级的改革创新成果。

三、建立与跨区域经济发展相适应的科技发展新机制

要加快推进区域经济发展新格局，就必须促进相关科技政策、规划与国家有关跨区域的整体战略相契合，在构建国家科技战略的同时，谋划布局跨区域层级科技政策。在编制跨区域发展专项规划的过程中，应同步推进跨区域的科技战略或科技规划。在建立跨区域规划工作考核机制的同时，同步设计区域内的配套衔接机制和考核工作办法，从而促进跨区域和区域内的政策配套与衔接。此外，中央政府应重视不同层级区域，围绕相似科技创新资源的合理配置，紧跟大区域内部的协同一体化发展。开展更为充分的科技创新资源交流与共享。

四、推动跨领域、跨部门、多要素协同创新政策

针对不同层级区域政策，要在尊重各区域发展现状的基础上，加快跨领域、跨部门、多要素协同创新发展。不同层级区域本身既有的创新资源和优势领域都存在级次差异，针对不同层级区域出台创新政策，一要摸清当地创新要素的家底、目前发展诉求和未来发展重点。加强在政策制定上的分工和层级间梯次配置的协调，促进主要创新要素间的互动、交换、共享。二要差异化、有针对性地对标国家创新顶层设计的要求，在开展可行性分析的基

础上，选择该区域有可能跨越式发展的领域，对标国家顶层设计，推动跨领域、跨部门、多领域间的协同创新，培育特色新型创新示范区、合作开发区，有所为有所不为地对标国家创新顶层战略，走出一条具有地域特色的创新之路。三要杜绝“撒胡椒面”式的国家级示范区布局，避免帽子满天飞。

五、建立科学合理的政策制定、评估和动态调整机制

针对相同层级不同区域政策出现的差异，建立科学合理的政策制定、评估和动态调整机制。京津冀、长三角、粤港澳大湾区是多种因素长期发展的结果，打造具有全球影响力科技创新中心具备雄厚实力。即便如此，三地在政策落实上的差异也十分明显。这就要求我们在未来推进三地创新政策落实的同时，要在尊重既有发展前提下，科学合理施政、及时开展评估，并建立政策调整机制。例如，围绕原始创新，一方面三地需要划清自己的赛道，结合自身优势资源开展创新研究，而不能以“挖墙脚”“移花接木”方式争夺领军人才和团队，搞恶性竞争；另一方面，即便围绕相同产业，也需错位发展，即在相同产业链的不同区段开展研发攻关，完善产业集群在区域上的布局。坚决防止出现空间结构失衡、研发区段扎堆、供应失调的产业集群体系。依托优势产业的创新需要拉动研发攻关环节，打破区域间在产品、技术上的流动障碍，促进国内全链条内循环的形成，同时避免低水平重复建设和浪费有限创新资源。

六、加强地方与国家区域政策协同

针对与创新顶层设计不完全吻合的国家战略，提升该战略的科技含量。一要站在黄河流域、长江经济带打造新经济增长级的角度，看待大江大河流域的高质量发展。大江大河流域的生态治理固然是生态文明建设的应有之义，也是基础性工程，但生态治理的目的不仅仅是创造一个良好的全流域生态环境，更是要在保护好、开发好、利用好的基础上，打造新的经济增长极。二要参照京津冀、长三角、粤港澳大湾区的成功建设经验，在大江大河流域加快布局一批战略性新兴产业和实现对传统产业转型升级。通过分类施策，围绕大江大河流域的经济、科技、社会发展，形成体系化创新协作关

系。三要借助“一带一路”建设带来的新机遇，大江大河流域省区应抓住这一对外开放的高端平台，尤其甘肃、宁夏、山西、贵州、云南、江西等省，要以间接或直接方式更加深入地参与到打造“一带一路”创新共同体的建设中来，这既能丰富“一带一路”创新建设的主体内容，也将带动上述地区走上生态环保、经济发展和科技创新等诸多方面一体化之路。

区域创新实践篇

第七章　重点区域协调发展政策的实证研究

近年来，党中央、国务院立足经济发展新常态，以新发展理念为指导，着力通过科技创新培育和打造区域经济发展新动力、新引擎。党的十九届五中全会提出，坚持创新在我国现代化建设全局中的核心地位，把科技自立自强作为国家发展的战略支撑，构建以国内大循环为主体、国内国际双循环相互促进的新发展格局。进入新发展阶段，面对区域发展不平衡、不充分等问题，“十四五”规划中明确提出，要推动区域协调发展，打造创新平台和新增长极，推动西部大开发形成新格局，推动东北振兴取得新突破，促进中部地区加快崛起，鼓励东部地区加快推进现代化。本章从加快建设国际科技创新高地、推进建设区域协调发展体系、建设差异化创新载体等方面，梳理了党的十八大以来区域科技创新发展的主要政策举措，以及改革成效。

第一节　加快建设国际科技创新高地

纵观全球瞩目的科技创新中心，不仅是新思想、新知识、新技术、新产品、新产业的策源地，而且引领了全球创新文化和制度环境的变革，在全球科技创新活动中发挥着重要作用。建设国家科技创新中心是我国实现科技强国目标的重要战略支点，是解决重大科学问题、提升原始创新能力、催生变革性技术的重要载体。北京、上海、粤港澳大湾区科技创新中心，以其优渥的科教资源、丰富的高端人才储备和创新人才吸引力及较为完整的创新链和产业链环境，已经初步具备成为世界级科技创新中心的潜力，加之近年来国家对3个地区创新改革政策的指导和统筹，建立成为具有世界影响力的科技创新中心指日可待。

一、推进北京建设国际科技创新中心

北京作为我国的首都，长期以来担负着政治、文化、人才、科技等多方

面资源集散功能。2014 年，习近平总书记在北京视察工作时，明确了北京“全国政治中心、文化中心、国际交往中心、科技创新中心”的城市战略定位，为首都科技发展赋予了新的定位、新的使命。为了统筹利用好各方面科技创新资源,《北京加强全国科技创新中心建设总体方案》对科技创新中心建设做出系统的部署，提出要充分发挥北京高端人才集聚、科技基础雄厚的创新优势，从建设原始创新能力、构建“高精尖”经济结构、推进京津冀协同创新、推动全球合作、优化创新创业环境 5 个方面部署了 18 项重点任务。为深入贯彻党的十九大精神和新时代的新要求，2019 年，北京市人民政府印发《关于新时代深化科技体制改革 加快推进全国科技创新中心建设的若干政策措施》(京政发〔2019〕18 号)(简称北京“科创 30 条”)，在科技创新统筹、人才体制机制改革、高精尖经济结构构建、科研管理改革、创新创业生态优化等方面制定了全面的政策措施。北京科技创新中心结合固有的国有资源，以丰富的科技创新资源和人才团队资源为基础，引领全国科技创新行业发展，通过制度创新驱动科技创新，以京津冀协同创新共同体建设为支撑，带动形成区域创新高地，把“三城一区”确定为科技创新中心建设的主平台，建设创新型产业集群和“中国制造 2025”创新引领示范区，打造出极具北京特色且具有国际影响力的科技创新中心。

2021 年 1 月,《“十四五”北京国际科技创新中心建设战略行动计划》印发，强调强化国家战略科技力量是北京国际科技创新中心建设的重要内容，要加速国家实验室培育建设，推进在京国家重点实验室体系化发展，加速怀柔综合性国家科学中心建设，推进世界一流重大科技基础设施集群建设，围绕优势领域培育一批新型研发机构。11 月，中共北京市委、北京市人民政府印发《北京市“十四五”时期国际科技创新中心建设规划》的通知，提出新发展阶段北京国际科技创新中心建设的发展蓝图和行动纲领。2014 年以来，北京坚持和强化“四个中心”功能建设，全面实施创新驱动发展战略，科技创新中心建设取得显著成效，科技创新综合实力显著增强，科技创新对北京高质量发展支撑作用显著提升，在创新型国家建设中的地位显著提高，科技创新战略布局显著增强，创新生态环境优化显著增强。在新发展时期，以推动首都高质量发展为主线，以科技创新和体制机制创新为动力，以“三城一区”为主平台，以中关村国家自主创新示范区为主阵地，突出打好关键核心技术攻坚战、强化战略科技力量、构建开放创新生态、提升科技治理能力和治理水平“四个着力”。力争到2025年，北京国际科技创新中心基本形成；到2035年，北京国际科技创新中心创新力、竞争力、辐射力全球领先。

二、推进上海建设国际科技创新中心

上海作为我国建设中的国际经济、金融、贸易和航运中心，一直以来极具创新领军能力。2014年，习近平总书记做出上海“要加快向具有全球影响力的科技创新中心进军”的重要指示。为了加快建设具有全球影响力的科技创新中心，上海提出“五个坚持”的总体要求，即坚持需求导向和产业化方向、坚持深化改革和制度创新、坚持以集聚和用好各类人才为首要、坚持以合力营造良好的创新生态环境为基础、坚持聚焦重点有所为有所不为。力争在2020年前，形成科技创新中心基本框架体系；2030年前，形成科技创新中心城市的核心功能，在服务国家参与全球经济科技合作与竞争中发挥枢纽作用。2018年5月，上海市对科技创新中心管理体制做出重大调整，重组上海推进科技创新中心建设办公室，为市政府派出机构。对标国际最高标准、最好水平，推动上海市科技体制机制改革向纵深发展。2019年《关于进一步深化科技体制机制改革 增强科技创新中心策源能力的意见》（以下简称上海科改“25条”）出台，针对调整收入分配机制、“放权”科研经费管理、优化人才评价制度提出了6个方面25项重要改革任务和举措。

“十三五”以来，上海科技创新中心的创新资源集聚力、科技成果影响力、新兴产业引领力、创新环境吸引力、区域辐射带动力全面增强。尤其是张江综合性国家科学中心的集中度、显示度不断提升，国家实验室、国家重大科技基础设施等加快建设；重大原创科技成果竞相涌现，如2020年，上海科学家在国际顶尖学术期刊《自然》《科学》《细胞》上发表论文的数量占全国论文总数的32%，这是其中一项标志；国家重大科技任务也在加快落实，参与完成蛟龙、雪龙、天宫、北斗、天眼、悟空、墨子、大飞机等重大项目；集成电路、生物医药、人工智能“三大高地”建设加快推进，如刻蚀机等一些重要科技产品和先进工艺，都取得重大突破，治疗阿尔茨海默病的原创新药“九期一”、先进分子成像设备全景 PET/CT 等生物医药领域的重大原创产品也获批上市，在创新链、产业链、供应链的稳链、固链、强链等方面加快建设，跨国公司研发中心进一步在上海集聚；高层次人才吸引力持续提升，据有关部门评估，在引进外国人才的数量和质量上，上海都是全国第一，也连续 8 年蝉联“外籍人才眼中最具吸引力的中国城市”。到“十三五”末，上海科技创新中心的基本框架体系已经形成，为“十四五”科技创新中心建设迈上新的台阶奠定了坚实的基础。

2021 年，具有全球影响力的科技创新中心基本框架体系已经形成，上海科技创新中心建设取得了一系列成果，张江综合性国家科学中心建设取得重大进展、产业创新高地建设取得重大成效、体制机制改革取得重大突破。9 月，《上海市建设具有全球影响力的科技创新中心“十四五”规划》发布，将以“强化科技创新策源功能、提升城市核心竞争力”为主线，坚持科技自立自强的使命导向，面向国家重大战略，力争在基础研究领域取得更多的原创性突破，在若干战略必争领域和优势领域，要掌握一批关键核心技术。到 2025 年，上海将努力成为科学新发现、技术新发明、产业新方向、发展新理念的重要策源地。

三、推进粤港澳大湾区建设国际科技创新中心

粤港澳大湾区在区域发展新格局中具有引领和支撑作用，通过构建开放型区域协同创新共同体、打造高水平科技创新载体和平台、优化区域创新环境等集聚国际创新资源，着力提升区域科技成果转化能力，建设全球科技创新高地和新兴产业重要策源地。2019 年，为深入贯彻习近平总书记关于粤港澳大湾区建设重要论述，深入推进《粤港澳大湾区发展规划纲要》和《中共广东省委广东省人民政府关于贯彻落实〈粤港澳大湾区发展规划纲要〉的实施意见》的贯彻实施，制定出台了《广东省推进粤港澳大湾区建设三年行动计划（2018—2020 年）》，明确要建设国际科技创新中心。大湾区国际科技创新中心重在发挥港澳独特的国际化优势和广东改革开放先行区的优势，有望推出一批具有突破性和可操作性的举措。一要深化粤港澳创新合作，构建开放型融合发展的区域协同创新共同体，集聚国际创新资源，优化创新制度

和政策环境，着力提升科技成果转化能力，建设全球科技创新高地和新兴产业重要策源地。二要推进建设“广州—深圳—香港—澳门”科技创新走廊，探索有利于人才、资本、信息、技术等创新要素跨境流动和区域融通的政策举措，共建粤港澳大湾区大数据中心和国际化创新平台。三要促进科技成果转化，创新机制、完善环境，将粤港澳大湾区建设成为具有国际竞争力的科技成果转化基地。

四、改革实施成效

近年来，北京、上海、粤港澳大湾区相继加快建设国际科技创新中心的脚步，依托已有资源，立足区域协同创新共同体，加大科技创新投入、人才团队建设，截至2021年底，全国科技创新中心建设的进程仍在加快进行中，已经产生一定成效。

人才聚集效应显著，创新要素加速聚集。北京市依托已有高教资源，优化人才培养和评价机制，深化改革创新，培育形成了中关村论坛、世界机器人大会、世界5G大会、国际人工智能与教育大会、北京国际学术交流季等品牌活动；北京营商环境排名全球第28位，进入全球五大科技集群行列（第4位）。粤港澳大湾区突破创新体制障碍，探索创新要素跨境流动新机制。

创新科技和新兴产业策源地效力突显。上海创新资源集聚力和创新辐射带动力增长显著，在创新网络中的枢纽作用不断增强。系统布局张江实验室等高水平创新基地，全力打造国家重大科技基础设施群。围绕关键核心技术和“卡脖子”领域重点布局。北京市聚焦中关村科学城，突破怀柔科学城，搞活未来科学城，建设创新型产业集群和“中国制造2025”创新引领示范区。

区域融通带动效益显著。为了构建粤港澳大湾区开放型区域协同创新共同体，建立了一系列有利于人才、资本、信息、技术等创新要素跨境流动和区域融通的政策举措。粤港澳科技创新中心不仅瞄准世界科技和产业发展前沿大力发展新技术、新产业、新业态、新模式，同时还带动珠海、佛山、惠州、东莞、中山、江门、肇庆等城市充分发挥自身优势，深化改革创新，增强城市综合实力，形成特色鲜明、功能互补、具有竞争力的重要节点城市。

第二节　推进建设区域协同创新体系

区域随着科技全球化加速发展逐渐成为科技创新的主体单元，区域间的协同创新越来越成为世界科技活动发展的新趋势。为实现产业链的高端转移和经济发展的新跨越，提高区域整体创新能力、促进创新要素的有效配置和自由流动，跨区域协同创新成为突破地区间创新发展不平衡、不协调等重大瓶颈的必然要求和战略选择。

一、推进东西部科技创新合作

东西部科技创新合作是贯彻落实习近平总书记重要讲话精神的具体举措，是依托开放合作深入实施创新驱动战略的有效途径，通过深入推进东西结对合作，体系化机制化推进区域协调发展。2020 年 5 月，中共中央、国务院印发的《关于新时代推进西部大开发形成新格局的指导意见》中，再次强调要深化东西部科技创新合作，打造协同创新共同体，持续强化对西部欠发达地区的支撑引领和带动作用。2021 年，科技部组织编写《“十四五”东西部科技创新合作行动实施方案》，加强科技援疆、援藏、援青、支宁、入滇、兴蒙，以及海南开放创新合作工作的统筹谋划，深化区域科技创新互助机制。

一是支持甘肃与上海张江国家自主创新示范区创建兰白科技创新改革试验区。加强跨区域科技合作，协调推动泰州医药高新技术产业开发区、杭州自主创新示范区与青海国家高新技术产业开发区和柴达木循环经济试验区开展结对合作。二是支持宁夏与北京等 6 省市合作开展“科技支宁”。2021 年科技部会同宁夏起草《宁夏回族自治区建设东西部科技合作引领区行动方案》，支持宁夏在东西科技合作方面先行先试作示范。三是支持新疆与深圳、中科院开展丝绸之路经济带核心区创新驱动发展试验。科技部会同新疆、中科院、深圳研究形成“十四五”“四方合作”议题。四是中关村与贵阳建设大数据科技创新试验区。支持赣南等原中央苏区振兴发展，牵头研究形成相关意见建议。发挥中央转移支付资金的作用，引导相关省市加大对罗霄山、六盘山、滇西边境、滇桂黔石漠化、大别山、吕梁山、燕山—太行山等片区的支持力度，以及“老少边穷”地区创新发展，助力脱贫攻坚和乡村振兴。

二、以科技创新合作支撑东北振兴和中部崛起

2017 年 3 月，国务院办公厅印发《东北地区与东部地区部分省市对口合作工作方案》，鼓励中西部老工业城市和资源型城市主动学习东部地区先进经验做法。相关合作双方充分发挥中央和地方两个积极性，通过市场化合作促进各类创新要素合理流动、资源共享、园区共建，依靠科技创新合作，加快形成共同推进东北地区实现全面振兴的合力。

2020 年科技部出台《关于进一步推进科技体制改革 支持创新驱动东北地区高质量发展的若干措施》，提出聚焦东北地区保障国家科技安全、国防安全、粮食安全、生态安全、能源安全、产业安全重大战略需求。以建设创新型省份为抓手，以协同推进创新环境、营商环境建设为着力点，以自创区、高新区等各类科技园区为主阵地，以激发创新主体活力、扩大开放创新合作水平、加快科技成果转化为主攻方向，进一步深化科技体制改革，优化科技资源布局，全面提升东北地区科技创新能级和创新治理能力，培育壮大新技术新业态新模式，促进多元化产业发展。支持东北地区走出一条创新驱动高质量发展之路，在创新型国家建设和全球产业竞争中发挥战略支柱作用。

科技支撑中部崛起不断退出新举措。2022 年 4 月，经报国务院审核同意，科技部、国家发展改革委联合批复武汉具有全国影响力的科技创新中心建设总体部署，聚焦打造世界科学前沿领域和新兴产业技术创新、全球科技创新要素“汇聚地”的战略使命，明确了武汉科技创新中心的规划布局，并协调教育部等部门提出 51 项重大支持举措。其目标是要把武汉科技创新中心打造成全球前沿科技的重要策源地、世界级产业创新高地、内陆开放融合创新高地、绿色高质量发展的中国样板。国家与湖北协力建设武汉科技创新中心，统筹推动各项重点任务落实，支持重大创新平台在武汉集聚，支持武汉承担更多科技攻关任务，培育具有世界影响力的科技领军企业，支持武汉在科技成果评价、成果赋权、人才评价等方面探索更多可复制可推广的经验，加快以武汉为核心的创新城市群和科技创新走廊建设，引领湖北全域创新。

这是继北京、上海、粤港澳大湾区国际科技创新中心和成渝区域科技创新中心之后，国家在区域创新空间布局汇总又一个重大部署。我国现在布局建设了3个国际科技创新中心，武汉、成渝2个具有全国影响力的科技创新中心，以及23个国家自主创新示范区和173个国家高新技术产业开发区，形成我国区域创新的体系化布局，成为引领地方经济社会发展的“领头雁”和“策源地”。

三、推进区域一体化协同创新

2016年，中共中央、国务院印发的《国家创新驱动发展战略纲要》和国务院印发的《“十三五”国家科技创新规划》对区域协同创新做出重要战略部署，提出要“提升京津冀、长江经济带等国家战略区域科技创新能力，打造区域协同创新共同体，统筹和引领区域一体化发展”。为深入推进区域一体化协同创新，中央和有关部门在深入推动区域协调发展战略过程中，做出系统改革部署，包括深化区域全面创新体制机制改革、创新要素跨区域互联互通、加强区域创新科技合作、推动区域共建科技成果转移转化高地、推动区域产业技术协同创新等。

第三节　建设差异化创新载体

为进一步细化跨区域协同创新，提高创新政策的精准度，以各类国家自主创新示范区、国家高新技术产业开发区、国家全面创新改革试验区、国家技术创新中心等为主的差异化创新载体的建设是优化我国创新布局的有效手段。

一、国家自主创新示范区

作为创新发展的主战场，国家自主创新区持续保持较快速度发展，自主创新能力显著提升，高水平创新成果不断涌现，已成为我国创新活动最活跃、创新投入强度最大、创新成果最丰硕的区域。2012—2019年，国家自主创新区数量从3个增加至21个，基本覆盖了全国东西南北经济最发达、创新资源最密集的区域。各国家自主创新区在发展定位上都围绕创新主题，基于自身的禀赋，又具有各自的特色，如上海的科技金融、杭州的互联网 +、深圳的硬件创业等。北京中关村、武汉东湖、上海张江、深圳、苏南、天津滨海、西安等 7 个国家自创区对所在地区 GDP 增长贡献率都超过 20%。中关村先后试点了 16 条政策，其中 12 条政策经其他国家自创区进一步试点后推广到全国实施，在电子信息、生物医药、航空航天等领域产生了一大批国际领先的技术和产品。东湖国家自主创新示范区的光电子信息产业，光纤光缆产量居全球第一，市场份额占了全国的 50%、全球的 25%。成都国家自创区以“菁蓉汇”创业品牌为核心，打造菁蓉国际广场创新创业旗舰，全区在孵企业超过 7500 家。

二、国家高新技术产业开发区

作为我国科技创新的主阵地，国家高新技术产业开发区以创新为第一动力，发展质量和效益不断提升，逐步成为我国发展新经济、培育新动能，发展高新技术产业的重要平台，也成为转方式、调结构、促进高质量发展的重要力量。数据显示，2012—2019 年，国家高新区从 104 家增长至 169 家，分布在全面除西藏以外的所有省（区、市），营业收入从 16.57 万亿元增长至 38.3 万亿元，工业总产值从 12.86 万亿元增长至 24.8 万亿元，净利润从 1.02 亿元增长至 2.4 万亿元，上缴税额从 0.96 万亿元增长至 1.9 万亿元，出口总额从 0.38 万亿元增长至 3.8 万亿元，园区生产总值从 5.22 万亿元增长至 12.2 万亿元。同时，国家高新技术产业开发区坚持开放协同发展，在全球的创新竞争力显著增强。2018 年申请的 PCT 国际专利受理量达 2.3 万件，占我国 PCT 专利申请受理量的比重超过 41.8%。

新冠肺炎疫情发生以来，国家高新技术产业开发区充分发挥大批科技型企业和新业态企业集聚优势，组织、引导各类企业精准抗疫，以新技术、新产品、新模式为疫情防控阻击战贡献高新力量。2020 年新冠肺炎疫情复工复产后，6 月份国家高新区实现营业收入 3.9 亿元，同比增长 13.9%；工业总产值 2.6 万亿元，同比增长 10.8%；新增注册企业 22.3 万家，同比增长 11.9%，经济恢复势头强劲。

三、全面创新改革试验区

2015年8月印发的《关于在部分区域系统推进全面创新改革试验的总体方案》确定在京津冀、上海、广东、安徽、四川、武汉、西安和沈阳8个地区开展改革试验，旨在推动东中西部地区有代表性的区域开展聚焦核心主题、分层布局的大胆探索和政策先行先试，在一些重点领域和关键环节上取得重要改革突破，率先实现创新驱动发展转型，并通过对试验区域改革经验的复制推广和全局性、体系化的制度安排来引导和带动更多地方走创新驱动发展道路。围绕改革试验主题和7个重点试验方面（领域），各试验区域结合当地实际，开展先行先试，经国务院批复8个试验区域先行先试改革举措169项。各试验区域相关省市推出了一系列改革力度大的自主探索类改革举措，紧密呼应中央的重要改革关切，充分体现了“实”和“新”，着力在一些改革的“老大难”问题上进一步破题。一是探索科技成果转化新机制、新模式。针对长期制约科技成果转移转化的突出问题，8个试验区域深化科技成果转移转化行动，在收益分配、税收激励、转移转化机制和模式、服务体系等方面先行先试，着力打通科技成果产业化通道，构建市场导向的科技成果转移转化机制。二是完善人才引进和评价激励机制。8个试验区域实施更加积极开放的创新人才引进政策，探索打破创新人才自由流动的体制机制障碍，促进科研院所、高校人才的自由流动，推动实现人尽其才、才尽其用、用有所成。三是实施便民利民和高效的知识产权改革。试验区域聚焦建立高效的知识产权综合管理体制，大力构建便民利民的知识产权公共服务体系，在知识产权“三审合一”、快速维权等方面初步形成一些区域性新机制和新模式，在加强维权服务和加大惩处力度方面不断取得新突破，知识产权保护环境持续优化，逐步实现综合利用知识产权促进创新驱动发展能力的改革目标和任务。四是推动科技金融服务产品和模式创新。针对科技型中小企业融资难的问题，各试验区域不断创新金融服务产品和模式，在无形资产金融创新、科技支行建设、发展多层次资本市场、投贷联动等方面，探索形成了支持技术创新的融资新渠道。五是深入推进高等院校和科研院所改革。试验区域围绕下放高校和科研院所自主权，高校去行政化改革等方面开展改革探索。六是探索深化开放创新合作的有效模式。广东制定实施粤港澳大湾区科技合作发展研究计划，上海探索设立境外股权投资企业试点工作，天津开展“限额内可兑换”外汇管理试点。七是创新监管改革营造良好的市场竞争环境。试验区域积极创新监管改革，推动新兴产业和新动能监管破冰，为新技术、新产品、新业态的发展营造良好的市场环境。

目前，8 个试验区域通过几年的系统推进改革试验，国家授权的改革举措已基本落地完成，为实现创新驱动发展转型探索了新的路径，形成了新的模式，贡献了新的经验，取得了多项卓有成效的改革成果，在改革创新方面发挥了良好示范带动作用。

四、国家技术创新中心

2017 年 11 月，科技部制定了《国家技术创新中心建设工作指引》，明确在“十三五”期间，我国将布局建设 20 家左右国家技术创新中心，中心将重点聚焦有望形成颠覆性创新，引领产业技术变革方向，影响产业未来发展态势，抢占未来产业制高点的领域。2020 年 4 月，科技部、财政部联合印发《关于推进国家技术创新中心建设的总体方案》，明确了中心的总体要求、功能定位、体制机制等内容。12 月，国家首个综合类技术创新中心“京津冀国家技术创新中心”揭牌成立。2021 年 4 月，作为国家重点布局的 3 个综合类国家技术创新中心之一，粤港澳大湾区国家技术创新中心在广州揭牌成立。长三角国家技术创新中心正在建设中。3 个综合类中心建设方案已完成专家咨询论证，在政产学研协同、人才引进、成果转化等方面体制机制取得了新的突破，对更好打通从科学到技术转化的通道、促进科技成果加快转化应用起到重要支撑作用。其中，合成生物技术创新中心围绕核心菌种和工业酶等“卡脖子”问题，组织 11 家单位共同启动国家攻关任务，总投资 35 亿元；近一年的技术服务合同交易额达 3.49 亿元，孵化了 25 家科技企业。

综合来看，根据党中央、国务院关于加强区域协同创新的任务部署要求，各相关部门和地方深入推动相关改革举措落实落地，区域间创新合作关系更加密切，创新要素流通更加畅通，区域政体协同创新能力得到大幅提升，形成了更加开放合作的跨区域创新高地。尤其以京津冀、长三角和粤港澳大湾区这三大城市群，所占体量最大。国家发展改革委副主任丛亮在2021年5月举办的国新办新闻发布会上表示，京津冀、长三角和粤港澳大湾区GDP总量分别达到8.5万亿元、23.7万亿元和11.4万亿元，占全国GDP总量的44%，这三大动力源成为中国经济发展的发动机，一些重大政策在京津冀、长三角和粤港澳大湾区三大城市群先行先试，更为区域创新发展注入了新动力。目前，中国经济最发达的这三大城市群正朝着世界级城市群建设的方向加速推进。一是区域协同创新水平稳步提升，技术溢出效应逐步显现。国家统计局数据显示，京津冀区域创新发展指数持续平稳上升，与2013年相比，平均每年提高8.25个百分点。2019年长三角地区的创新协同总指数为204.16分，较2011年翻了一番，协同创新综合水平年均增速达到了9.33%。二是区域创新资源加速集聚，创新环境不断优化。从大型仪器共享情况来看，截至2018年12月，长三角科技资源共享服务平台已集聚区域内大型科学仪器31 169台（套），仪器总价值达到362.3亿元，大型仪器共享率达90.3%，且实现了大规模互通共享。从科研基础设施集聚情况来看，粤港澳大湾区内现已集聚了4万多家国家级高新技术企业、9个国家级大科学装置、4所世界100强大学，珠三角9市共建设27家国家重点实验室，香港16家，澳门4家。三是区域科技创新合作更加紧密，创新成果不断涌现。粤港澳大湾区成功实现了科研资金跨境自由流动和科研项目的跨境合作，截至目前，粤港联合创新资助项目达到151个，长三角区域呈现出更加紧密的科研协同态势。四是产业技术协同创新不断深化。2019年，京津冀三地技术合同成交额占全国技术合同成交总额的比例超过三成，达到7000.4亿元，同比增长17.4%。北京对津冀的辐射带动作用进一步增强，技术合同成交额5695.3亿元，居全国第1位，输出到津冀的技术合同成交额持续增长，近三年达到17.9%的平均增速，2019年北京流向津冀技术合同成交额超210亿元。长三角地区四省市表现出强劲的上升势头，技术合同成交额为4624.9亿元，占全国的20.6%。浙江、江苏、安徽增速超过40%。粤港澳大湾区开放合作成效显著，技术合同成交额达到2123.2亿元，同比增长55.75%。9年间长三角高技术产业利润从1559.2亿元增长至3160.7亿元，增长幅度超过1倍。

第八章　创新型城市建设的布局现状与未来考虑

创新型城市是以科技创新为经济社会发展的核心驱动力，创新治理完备有效、创新主体充满活力、创新要素配置高效、创新平台支撑有力、经济创新力竞争力强大，对建设创新型省份和国家发挥显著支撑引领作用的城市。本章首先总结了创新型城市的国内实践与内涵；其次分析了典型国际创新型城市的发展模式，阐述了创新型城市的遴选、建设方式和建设中的不足；最后提出了推动我国创新型城市健康发展的几点建议。

第一节　创新型城市的国内实践与内涵

为发挥各地在创新发展中的积极性和主动性，加快提高自主创新能力，形成国家科技创新合力，2010 年，科技部启动创新型城市工作。创新型城市具有共性特点，创新基础良好、优势特色突出、创新体系较为完善，区域辐射作用明显的城市开展创新型城市试点。

一、我国创新型城市取得积极进展

2016 年，习近平总书记在“科技三会”上提出要“尊重科技创新的区域集聚规律，因地制宜探索差异化的创新发展路径，加快打造具有全球影响力的科技创新中心，建设若干具有强大带动力的创新型城市和区域创新中心”。科技部会同有关部门积极贯彻落实总书记讲话精神，于同年 12 月联合印发《建设创新型城市工作指引》（国科发创〔2016〕370 号），对创新型城市建设做出系统部署。2018 年，科技部加大布局建设力度，发文支持新一批 17 个城市开展创新型城市建设。2022 年 1 月 6 日，科技部发文支持新一批 25 个城市开展创新型城市建设。

目前，先后共支持 103 个城市建设国家创新型城市，其中东部 50 个城市、中部 25 个城市、西部 22 个城市、东北 6 个城市，具体见表 8–1，包括 97 个地级市，北京市海淀区、上海市杨浦区、天津市滨海新区、重庆市沙坪坝区4个直辖市城区，以及昌吉市、石河子市2个县级市。2021年6月5日，为深入贯彻落实国家“十四五”规划纲要有关部署，科技部组织召开了国家创新型城市建设工作推进会，全面总结国家创新型城市建设进展，研究部署新时期创新型城市建设重点任务，推进打造一批具有全国影响力的区域创新高地。

表8-1 国家创新型城市（区）名单

序号	地区	城市（区）
1	北京	海淀区
2	天津	滨海新区
3	河北	石家庄市、唐山市、秦皇岛市、邯郸市、保定市
4	山西	太原市、长治市
5	内蒙古	呼和浩特市、包头市
6	辽宁	沈阳市、大连市、营口市
7	吉林	长春市、吉林市
8	黑龙江	哈尔滨市
9	上海	杨浦区
10	江苏	南京市、无锡市、徐州市、常州市、苏州市、南通市、连云港市、淮安市、盐城市、扬州市、镇江市、泰州市、宿迁市
11	浙江	杭州市、宁波市、温州市、嘉兴市、湖州市、绍兴市、金华市、台州市
12	安徽	合肥市、芜湖市、蚌埠市、马鞍山市、铜陵市、滁州市
13	福建	福州市、厦门市、泉州市、龙岩市
14	江西	南昌市、景德镇市、萍乡市、新余市
15	山东	济南市、青岛市、淄博市、东营市、烟台市、潍坊市、济宁市、威海市、日照市、临沂市、德州市
16	河南	郑州市、洛阳市、新乡市、南阳市
17	湖北	武汉市、黄石市、宜昌市、襄阳市、荆门市
18	湖南	长沙市、株洲市、湘潭市、衡阳市
19	广东	广州市、深圳市、汕头市、佛山市、东莞市
20	广西	南宁市、柳州市

续表

序号	地区	城市（区）
21	海南	海口市
22	重庆	沙坪坝区
23	四川	成都市、德阳市、绵阳市
24	贵州	贵阳市、遵义市
25	云南	昆明市、玉溪市
26	西藏	拉萨市
27	陕西	西安市、宝鸡市、汉中市
28	甘肃	兰州市
29	宁夏	银川市
30	青海	西宁市
31	新疆	乌鲁木齐市、昌吉市、石河子市

103 个创新型城市以实施创新驱动发展战略为主线，着力推动科技创新和产业转型升级，着力营造创新创业良好生态，探索各具特色的创新发展路径，取得了显著的成效。103 个创新型城市以占全国 48% 的人口，集聚了全国 85% 的研发经费投入和 74% 的地方财政科技投入，拥有全国 87% 的有效发明专利，培育了全国 85% 的高新技术企业，成为创新型国家建设的关键节点，在区域创新总体布局中发挥重要的“多点支撑”作用。

多年来，在部门、省、市协同推动下，创新型城市在集聚高端科技创新资源，培育市场创新主体，优化创新创业生态，加快科技成果转化，支撑区域协调发展等方面取得积极成效，以创新型城市建设为牵引、促进高质量发展的创新动力系统日益形成。尤其在支撑区域重大战略方面，创新型城市建设与北京、上海、粤港澳大湾区国际科技创新中心建设加快融合，东中西部、东北地区、长江经济带沿线、黄河流域布局建设的国家创新型城市已成为构建区域创新共同体、促进区域协调发展战略加快实施的中坚力量。

与此同时，有效推动创新型城市发展的方法和路径在探索中也日益完善。经过各个城市多年探索，形成了一套有效推动创新型城市发展的方法和路径：一是要加强党的领导，党委政府“一把手”亲自抓创新，凝聚城市各部门抓创新的工作合力，久久为功抓落实，确保各项举措落地见效；二是要健全创新治理机制，把科技创新融入“五位一体”总体布局和“四个全面”战略布局，推动以科技创新为核心的全面创新，推动科技创新、制度创新、模式创新、文化创新全方位融入经济社会发展的各个方面、各个环节；三是要坚持以改革优化创新环境，把创新作为政策制定和制度安排的核心要素，完善支持创新的政策体系，有效激发各类创新主体活力，推动多元化科技型创新创业；四是要坚持开放创新，与邻近省份、周边城市在改革创新、产业分工、资源共享等方面协调联动，实现互利共赢。

二、创新型城市的共性特点

103个创新型城市在发展过程中具有一些共性特点，主要表现在以下几个方面。

（一）具有本地化的工业基础

这是最重要的指标。因为，首先工业是科技创新的基础和源泉，没有工业基础，科技创新就是无本之木。另外，创新的核心就是产学研互动，学和研在今天这个网络化、信息化十分发达，交通十分发达的时代，很容易在全国甚至全球获得。而工业产业是最本地化的，很难搬迁。而且，这个本地化的工业必须有一定的历史和基础，不仅仅是从外部引入的加工装配的一块飞地，要能够深深植入当地的社会关系和文化中。

（二）创新体系初步形成

工业是创新型城市的必备要素之一，但是，只有形成创新体系，才能成为创新型城市。这个创新体系的核心要素有科技资源、创新主体、创新环境等。如前所述，创新体系的核心是产学研互动，产业具有本地性，流动成本很高，学和研可以从外部引入。从外部引入的目的也是本地化，没有本地化，就不可能形成创新体系。

（三）具备产业转型升级能力

一个城市只有产业不断地转型升级，才能可持续发展下去，否则就会繁华不再。城市衰落的例子非常之多，原因都在于没有成功实现产业升级。资源型城市由于可采资源枯竭后将不可逆转地衰落，也会由于需求下降、成本提高、替代品出现而衰落，如辽宁阜新、德国鲁尔区。目前，我国大量的资源型城市（2008 年确定了 69 座资源型城市）已经或正在面临这种困境。港口型城市可能由于周边港口的兴起，或由于国家进出口贸易下降而衰落，如英国的利物浦。单一的工业制造中心可能由于技术优势丧失、成本提高而衰落，如美国的芝加哥。相比较而言，中心城市和综合性城市的转型更容易些，如北京、上海、香港等，这些城市由于经济体量大、门类多，更容易吸纳层级更高的优势产业，将非核心产业进行转移，如北京对钢铁产业的转移，为发展现代服务业创造了更大的空间。此外，高新技术产业的发展形态和规律与传统产业很不相同，产业集群、创新资源、技术网络、风险投资等因素成为高新技术产业发展的主要推动力。中心城市和综合性城市更容易聚集上述创新资源，在某种程度上，可以说高新技术产业的发展状况和空间分布决定着创新型城市的发展状况和空间分布。

三、城市创新体系的本质含义

新技术革命以后，不同区域内不同企业的命运差异很大，进而导致不同区域的兴衰，引起了经济学家的极大兴趣，于是，区域问题或经济地理问题逐渐成为一个重要的研究领域。各领域的学者们从不同的角度提出了产业集群、新产业区、区域创新网络、区域创新系统等概念，指出了社会文化在新产业区形成与发展中的关键作用，企业、供应商、客户之间的合作关系对产业创新的推动作用，政府、大学、研究机构、中介组织、金融机构、企业等创新机构的互动对区域创新的推动作用。本书认为区域创新体系最本质的含义在于一个区域是否形成了一种有利于知识流动和创造的制度体系，以及一种与技术进步之间的良性互动关系。一个具备创新素质的区域，是一个知识流动顺畅、知识创造活跃的区域，是一个能够不断容纳和推进技术进步的区域，并且在技术进步的推动下，区域不断进行自我升级和变革。简而言之，创新体系的本质就是交互式学习、互动，从而形成创新生态。

城市创新体系最核心的是产业集群。产业集群是相互关联的企业在一个地区中的聚集。例如，美国计算机行业在加利福尼亚州占据了 41.7% 的份额，再加上马萨诸塞州近 10% 的份额，两者的份额之和已超过 50%。我国江浙一带的块状经济也是典型产业集群。对一个城市来讲，这种区域必然具备产业集群的特征，但需要明确的是，产业集群与产业集聚或聚集是两个不同的概念。

从一个区域角度观察，企业技术创新主要有两种类型。第一种类型是在一个企业内部完成的，企业从外部获得市场信息或接受订单，组织研发力量集中攻关，然后按照规模化方式组织生产，投放市场。这种技术创新一般发生在大型企业组织中，产品以少品种、大批量为主要特点，最典型的是汽车工业，其知识流动和创造是在企业内部循环和完成的。第二种类型是一个企业难以完成全部的生产过程和研发，必须依靠其他企业的参与，企业、中间商、客户之间，甚至相互竞争的企业之间都形成了一种紧密合作的关系。同时，教育、研究、金融，以及广告、法律、贸易等中介服务组织也获得相应发展，整个区域结成一个紧密协作的网络，如美国的硅谷，我国的温州、宁波等地。

在第一种企业技术创新过程中，企业自成一体，与区域之间的关系不具有必然的联系，这些企业可以在任何区域生存。技术创新往往是在企业内部完成的，信息的流动具有单向线性的特点。在第二种企业技术创新中，企业与所在区域之间形成了一种紧密的关系，离开这个区域企业就难以生存。因为，企业之间构成的密切联系和非正式关系网络，使决策者可以从周围同伴那里收集更多的信息，形成一种“聚合过程”，从而大幅减少了创新所导致的不确定性风险。因此，只有第二种企业技术创新所形成的“聚合过程”才是我们所称的产业集群，才具有从区域角度进行研究的意义，并具有区域创新体系的突出特点。

第二节　典型国际创新型城市的发展模式

20世纪末，以硅谷崛起为标志，以互联网为突出特点的全球信息产业的高速发展对传统产业的发展模式形成巨大冲击，创新驱动经济发展成为一个城市转型升级的主要动力和目标。北美、欧洲、东亚等地区许多城市的政府均颁布了以创新为导向的发展战略，标志着这些城市开始向创新型城市迈进。本书选择有代表性的城市，对其典型的创新发展模式展开分析，供国内城市因地制宜地选择差异化、特色化发展路径参考。

一、知识文化导向模式：伦敦

伦敦具有最典型、最完整的城市发展历史，通过分析伦敦，我们可以发现一个城市发展的历史逻辑。伦敦诞生于大约公元50年罗马帝国统治时期，公元12世纪成为英格兰的首都。借助港口优势，最初以出口羊毛等原材料为主，后来逐步发展起手工业作坊、小型制造业和贸易中心。到14世纪，伦敦已经成为英国的主要城市。15—18世纪，伦敦以毛纺为主导的工业和服务贸易获得巨大发展，大公司开始出现并发挥着越来越重要的影响力。18世纪中叶英国发生工业革命，自百年时间里推动伦敦不仅成为英国的资本、金融、信息、知识、航运、保险等枢纽，也成为世界的工业和金融中心。1861年，伦敦第三产业就业人口占到61%，标志着伦敦开始进入服务经济时代。到第二次世界大战后，伦敦的第二产业开始明显衰落。

20世纪70年代末至80年代初，伦敦开始实施以银行业为主的服务业替代传统工业的战略，推动传统服务业向现代服务业转型，吸引跨国公司汇集，取得巨大成功，目前伦敦已经是世界金融中心和公司总部聚集地之一。1998年，伦敦提出创意产业发展思路，2003年新成立的伦敦发展局公布了《伦敦创新战略与行动计划（2003—2006）》，提出了伦敦创新战略目标：建成“世界领先的知识经济”，为实现这一目标，伦敦确定了以下三大战略重点。

一是培育创新文化。主要内容包括培育创新人才、构建以“知识天使”命名的创新良师益友网络、实施伦敦“青年展望”项目、鼓励人才流动、制订关键地区和产业部门的创新计划。二是鼓励企业创新。主要内容有支持小企业通过融资开展创新活动、建立服务于企业的创新中心、促进企业关联和集群发展。三是整合伦敦地区的知识资源。构建高校面向社会知识传播的开放体系，建设高校科学园区和孵化器，推动小企业与高校互联互通、推动科技成果商业化、发展种子资本投资。此外，伦敦还提出文化发展战略与创新战略相呼应，建立一个具有创造性的世界级优秀文化中心。

二、产业群聚导向模式：汉堡

汉堡是德国重要的经济中心，20 世纪 70 年代后，受全球化的影响，以船舶制造、航运为主的产业开始衰落，人才大量外流，失业问题严重。80 年代后，汉堡开始着力于产业和城市转型，一方面在优势产业基础上进行产业升级；另一方面以产业集群的思路通过招商引资创立新的产业形态，主要有以下三大做法。

（一）提升产业能级

20 世纪 70 年代以来，汉堡通过举办航运相关的展览会、提供柔性化航运服务、培养相关航运人才等方式，大力发展航运融资、海事保险、航运专业机构，推动航运产业向上游转移。目前，汉堡已经成为垄断全球船舶融资业务的三大中心之一（伦敦、汉堡、纽约），其中，汉堡以私募股权的方式在筹集船舶资金方面独树一帜。

（二）发展新兴产业

汉堡致力于建设成国际环保示范城市，将招商引资聚焦于风能开发商。围绕风能产业，建立了一站式的服务体系，极力吸引国际风能开发商落户汉堡。汉堡创立的国际风能展已经成为世界规模最大的风能产业展会和行业风向标。截至 2021 年底，全球最大的 15 家风能企业已经有一半聚集于汉堡，如德国西门子、印度风电巨头苏司兰、丹麦风电领头羊维斯塔斯、美国能源巨头皮博迪，这些企业或成立研发中心或设立欧洲总部，推动汉堡成为欧洲乃至全球的风能研发中心。

（三）建设数字经济中心

汉堡推动城市转型的另一个有力做法是采取集群的方式发展新媒体产业。经过多年经营，汉堡已聚集了新闻通讯社、公关公司、出版社、广告公司、电影、广播、电视等 1.1 万家媒体企业，从业人员 7 万人，营业额超过 250 亿欧元。德国六大出版集团有 5 家坐落在汉堡，德国 2/3 的畅销杂志和报纸来自汉堡，形成了完整的媒体产业集群。

三、联动创新模式：波士顿

20世纪60年代后的几十年，波士顿实现了由纺织品和皮革制造为主的产业结构向高科技、金融和商业服务为主的转型，成为美国高科技中心。波士顿的成功是高校、政府、民间组织、风险资本等合力推动的结果。

坎布里奇是哈佛大学、麻省理工学院等高校所在地，担当着波士顿“创新心脏”的角色。坎布里奇是波士顿产业发展的创新源头，高校科研成果转化应用是波士顿新兴产业发展的主要催生方式，坎布里奇超过160家生命科学及相关技术的企业脱胎于或得益于当地高校。波士顿在生物技术产业方面所取得的巨大成功，直接得益于哈佛大学等在生物科技研究领域的全球领先地位。

2004年，波士顿管理当局根据当地优越的生物科技研发资源，发布了生物科技波士顿计划（Life Tech Boston），在人才引进、进入许可、融资投资、培训等方面为波士顿生物科技企业面临的瓶颈问题提供解决方案。坎布里奇市政当局和当地社团还经常与高校保持沟通，为高校排忧解难，致力于将大量联邦科研经费投向本地高校，通过调整城市规划和土地用途，引导老工业区改造，为高校的进一步发展提供空间。马萨诸塞州设立了10亿美元的生物产业基金，鼓励高校开展相关研究。

高校与企业共同组建科技合作联盟，开展行业技术研究、分析、交流、技术转让等工作。高校教师与企业的关系十分密切，他们或者承担企业委托的研究开发项目，或者担任企业技术顾问。高校一般都建立了技术转移机构，帮助教师申请和转让专利。

非政府组织在波士顿的创新活动中有着不可替代的作用。其中有3个组织对波士顿高科技产业发展贡献巨大：一是麻省技术领导委员会，是一个高技术产业促进组织，共有500多个会员，其宗旨是促进中小企业发展，协助政府完善产业政策，促进新技术推广，帮助企业拓展全球市场，开展知识产权保护。二是麻州发展公司，是麻州土地银行和工业资产公司联合创立的金融性非政府组织，主要帮助政府开展经济规划，并且为科技企业融资提供帮助。该组织设立了再发展基金、新技术基金和文化设施基金，联合商业银行为符合政府产业导向的项目提供低息按揭贷款。三是多切斯特海湾经济发展公司，由联邦政府、州政府和企业联合出资组建，主要是通过收购废弃厂房，重新改造后再出租或出售给符合产业导向的中小企业。此外，波士顿还建立了麻州港务协会、麻州经济技术咨询委员会等一大批非政府组织，从不同的角度满足当地产业发展的需求。

风险资本是波士顿高科技发展的重要推动力。1946 年波士顿成立了美国第一家风险资本公司——美国研究与发展公司（ARD），数字设备公司（DEC）、王安实验室、数码设备公司等都得益于该风险资本公司的融资帮助，特别是对 DEC 的投资开启了美国小型计算机产业发展之门。目前，波士顿地区有 40 余家专门从事高技术发展的风险投资公司，100 多名天使投资人，超过 10 个天使投资联盟。2000 年，整个新英格兰地区的风险资本投资达 81 亿美元，在美国排第二，超过纽约大都市区（8 亿美元），仅次于硅谷（249 亿美元）。

科技企业孵化器是波士顿生物产业发展的温床。科技孵化器始创于美国，波士顿主要高校周边都建立了科技孵化器，对科技成果的商品化和市场化起到了关键作用，其中麻省理工学院的生物产业孵化器影响最大。

四、多样化发展模式：匹兹堡、鲁尔区

18 世纪以来，匹兹堡依据其便利的交通条件，逐渐发展为美国重要的制造业城市，美国南北战争进一步推动了匹兹堡的钢铁生产，使其发展为美国最大的钢铁基地，到 19 世纪 80 年代，匹兹堡的钢铁产值占美国钢铁总产值的 2/3。第二次世界大战后，匹兹堡开始积极调整产业结构，成为世界工业城市转型的典范。

鲁尔区是西欧继巴黎、伦敦之后的第三大城市群，包含 61 个大小城市，人口 540 万人。从 19 世纪中叶开始的 100 多年中，鲁尔区一直是德国最重要的煤钢基地，煤炭产量占全国总产量的 80% 以上，钢产量占全国总产量的 70% 以上。与匹兹堡一样，第二次世界大战后鲁尔区开始衰落，几乎同时开始发展转型实验。

匹兹堡经历了两次转型，第一次转型始于20世纪50年代，以环境治理为主要目标，由于没有从产业结构着手，虽然服务业发展迅速、环境质量有所改善，但城市经济依然依赖于传统支柱产业。20世纪80年代，匹兹堡总结了过去的经验教训，提出匹兹堡的发展远景应当以多样化为基础，大力发展高新技术、教育医疗等产业，避免产业单一化为城市经济带来的脆弱性。在第二次转型过程中，匹兹堡的10所高校发挥了关键作用。其中，匹兹堡大学医疗中心发挥了引领和孵化中心的作用，吸引了大批生物、医疗行业的领军企业到匹兹堡创设公司，使匹兹堡发展成为美国数字化医疗的产业中心；卡内基梅隆大学发挥了计算机与自动化研究的国际领先作用，引领匹兹堡高新技术产业发展，推动匹兹堡发展成为美国机器人制造中心。此外，匹兹堡的新能源产业、环保产业也获得了高速发展。

同样，鲁尔区也经历了两次转型。第一次转型始于20世纪60年代，1966年发布《鲁尔区域整治规划》，提出以煤钢为基础的“再工业化”思路，经过十几年的实施，并没有遏制鲁尔区的衰落。20世纪80年代，政府两次启动新的行动计划，发挥多特蒙德科研机构和大学密集的优势，大力发展软件产业；发挥杜伊斯堡的港口优势，发展服务贸易等产业；发挥埃森市森林、湖泊等自然资源优势，大力发展休闲旅游产业。政府还推动煤钢大型企业转变单一的产业结构，向环保、电子、技术咨询等综合性企业转型。鲁尔区建立了科学技术革新信息中心改革传统教育，加强科学界与经济界的联系，鼓励企业建立研发机构，推动科研机构成果转化，推动产学研合作，帮助中小企业开展技术攻关，开发新产品。目前，鲁尔区已经形成了以煤炭和钢铁为基础，以电子、软件、环保等高新技术产业为龙头，旅游、金融等多种行业协同发展的新的经济区。

五、科研机构聚集模式：班加罗尔、韩国大田

班加罗尔是印度南部卡纳塔克邦的首府，传统工业是丝绸纺织，20世纪50年代班加罗尔被确定为武器和航天实验基地，开始逐渐聚集大批的科研机构和高校，如印度科学院、国家航空实验室、印度理学院、农业科技大学、班加罗尔大学、国家软件中心、国家人工智能和机器人开发中心、尖端计算

机技术发展中心等。科技资源的聚集为班加罗尔的高新技术产业发展奠定了基础。20 世纪 80 年代，班加罗尔在南郊兴建电子城，成为班加罗尔 IT 产业发展的里程碑。在发展早期，班加罗尔主要为跨国公司提供软件外包业务，随着整体环境改善和业务发展，微软、惠普、3M、英特尔、苹果、IBM、西门子等跨国公司开始在班加罗尔设立办事处和研发机构，推动班加罗尔的软件业向更高端发展。目前，班加罗尔已经成为世界第五大信息科技中心。

大田是韩国第五大城市，人口 153 万人（2011 年）。大田 1943 年设市，一直是韩国中部最大的城市和交通枢纽。为推动韩国产业结构升级，20 世纪 70 年代韩国政府在大田创建大德科学城。到 90 年代，借鉴硅谷的发展经验，韩国政府开始有意识地在大德科学城聚集科技资源。1990 年，将韩国高等科学技术学院进行整合并由汉城迁入大德科学城，随后大约 70 多家领先的研究所、大学集中于大德科学城，如韩国科学技术研究院、电子通信研究院、生命工业研究院、原子力研究所、大德大学、友松工业大学、惠泉大学等。借助高科技资源优势，大田吸引和培育了 800 多个高科技企业。目前，大德科学城已经成为先进的专业化科研基地、产学研合作基地、高科技企业孵化基地。大田也成为韩国第二大行政与科技城市，是韩国的科技中心，被称为韩国的“硅谷”。

第三节　推动我国创新型城市健康发展

推动创新型城市建设是支撑科技强国建设的重要方面，但从内在质量和空间布局等方面看，创新型城市建设还存在许多不足之处，需要进一步优化。

一、创新型城市的遴选与建设方向

根据创新型城市建设工作指引的程序，科技部会同有关部门按照“以创促建”等原则，统筹考虑东中西及东北区域布局，结合城市所在省（区、市）人民政府提出的建设需求，在不同地区选择若干具备基础、带动作用强的城市开展创新型城市建设。城市科技主管部门会同有关部门编制创新型城市建设方案，建设期限原则上为 2~3 年。建设方案主要包括发展基础、建设思路、原则目标、重点任务、保障措施、监测评价等。

创新型城市遴选与布局时，将考虑推动一批城市形成一批高端引领的创新型企业、人才团队，若干重点产业进入全国乃至全球价值链中高端，城市创新发展的基础设施和人居环境进一步完善，基本实现创新驱动发展。远期目标将考虑全国范围内更多城市加入创新型城市建设行列，科技创新成为城市发展的重要战略资源、综合实力的主要支撑、政策制定与制度安排的核心要素，形成一批创新体系健全、创新绩效高、经济社会效益好、创新辐射引领作用强的区域创新中心，推动部分城市成为具有国际影响力的创新型城市。

创新型城市的建设原则涉及以下四个方面。一是创新驱动。将创新作为城市发展的第一动力，把创新驱动发展战略摆在城市经济社会发展的核心位置，发挥科技创新对全面创新的引领作用，培育新动能、发展新经济。二是突出特色。根据不同城市的资源禀赋、产业特征、区位优势、发展水平等基础条件，突出自身优势特色，明确不同类型城市的发展方向和重点任务，引导城市探索各具特色的创新发展模式。三是地方主体。发挥地方主体作用，鼓励地方积极探索。发挥各省（区、市）统筹协调作用，加强省市共建，发展创新型城市群。加强中央部门协同和央地联动，强化区域协同和开放共享。四是绿色低碳。营造优良的人居环境和城市生态，努力把城市建设成人与人、人与自然和谐共处的美丽家园。

二、目前创新型城市建设存在的不足

创新型城市建设工作还存在一些有待完善和加强之处。

（一）科技创新能力有待进一步提升

对标建设科技强国要求，在全球创新版图中，我国城市创新能力仍需提升。根据世界知识产权组织发布的《2020 年全球创新指数报告》，从城市（都市圈）维度测度创新集群的创新能力，在全球排名前 20 位的创新集群中，美国占据 9 席，中国仅有 3 席（分别为排名第 2 位的深圳 – 香港 – 广州、第 4 位的北京和第 9 位的上海）。上海市经济信息中心发布的《全球科技创新中心评估报告 2021》中，在上榜的 100 个城市中，欧洲以 36 个城市位居全球第一；美国以24个城市排在第二；中国有14个城市上榜，北京、上海、深圳位列全球科技创新中心前20名，西安、天津、重庆、合肥首次进入百强榜，进步很快，但差距仍然很大。

（二）区域不平衡问题比较突出

欠发达地区创新型城市的创新发展仍需提速，辐射带动能力仍显不足。在103个创新型城市中，主要位于10个东部沿海省（区、市），为50个，占创新型城市总数的48.54%。其中，江苏拥有创新型城市13个，在全国率先实现设区（市）国家创新型城市全覆盖。中部地区5个省份中有25个，占24.27%。西部地区11个省份中仅有22个，占21.35%。东北三省中有6个，占5.83%。

（三）需要不断探索形成各具特色的创新型城市发展路径

习近平总书记在中共中央政治局第二十七次集体学习时强调，创新发展大家都要抓，要结合自身条件和可能，紧盯全国科技创新发展布局，从自己的优势领域着力。伴随着中国城镇化进程，城镇之间的分工持续进行和深化，不同的城市有着不同的定位和发挥不同的作用，凸显了创新型城市建设的必要性，同时也形成了不同的创新型城市模式。但总体来看，在产业布局、创新政策等方面，创新型城市发展的同质性还比较强，特色化发展不足，因地制宜探索各具特色的创新驱动高质量发展路径仍有进步空间。

三、加快创新型城市发展的建议

城市是创新资源和创新活动的集聚地，是创新型国家和科技强国的基础和依托。坚持创新驱动发展，全面塑造发展新优势的各项任务部署，最终都要落在一个个城市上。抓好城市创新、提升城市经济创新力和竞争力，落实创新驱动发展战略、建设科技强国才有保障。

一是进一步优化创新型城市建设的顶层设计。结合高质量发展的要求和党的十九届五中全会精神，进一步明确新时期创新型城市的内涵、分类、总体布局、重点任务、指标体系等，为"十四五"时期创新型城市建设提供有力指导。

二是支持有条件的城市建设区域科技创新中心。全面梳理科技创新平台载体、人才、资金、技术等科技创新资源的区域分布情况，系统评估分析主要城市建设区域科技创新中心的可行性，并结合国家区域发展战略，遴选出一批城市，加强指导和资源集成支持，打造一批区域科技创新中心。

三是实施区域创新比较优势战略。我国现有的公共科技资源多采用专家评选和主管部门决策的方式进行配置，资源分配在一定程度上存在与地方特色优势不匹配的问题，“一刀切”和“一哄而上”现象时有出现。建议实施区域创新比较优势战略，改革中央引导地方科技发展专项资金分配和管理办法，要求地方对自身的创新潜力和潜在竞争优势进行系统评估，并拟定经费投入和政策扶持的重点领域和优先次序，科技部组织专家对计划的合理性和可行性进行评议，最终根据评议结果统筹中央引导地方科技发展专项资金的分配，对申报地方进行有选择的、不同力度的资助，引导地方走创新优势互补、差异化创新发展的道路。

第九章　国家高新区建设的布局现状与未来考虑

建设国家高新技术产业开发区（以下简称“国家高新区”），是党和国家为推进我国改革开放和中国特色社会主义现代化建设做出的重大战略部署。国家高新区从1988年诞生之日起，就肩负起“发展高科技、实现产业化”、推进“科技与经济、创新与创业有机结合”的历史使命。30年来，国家高新区与中国科技创新的路径一脉相承，成为全国科技创新最为活跃、科技投入最大、科技成果和专利产出最高、新产品新技术产出最多的区域，成功探索科技与经济紧密结合的有效途径，对我国调整经济结构、转变经济发展方式具有引领示范作用，走出了一条具有中国特色的高新技术产业化道路，在建设中国特色社会主义伟大进程中谱写了勇立潮头、开拓进取的壮丽篇章，为全国改革开放和社会主义现代化建设做出了重大贡献。

新时期，党中央对国家高新区建设发展寄予厚望，习近平总书记提出“又高又新”的指示要求，国家赋予“创新驱动发展示范区和高质量发展先行区”的新使命和新定位。国家高新区进入高质量发展新阶段，要从我国进入新发展阶段出发，落实新发展理念，支撑新发展格局，牢固树立服务国家战略的大局意识，持续践行“科技报国、产业报国”的初心和使命，坚持创新在现代化建设全局中的核心地位，履行高水平科技自立自强的使命担当，不断提升自主创新能力和核心能力，打造更多世界领先科技园区和创新高地，在创新驱动发展上争做示范、做到最好；要发挥先发优势，推动产业高端化发展、经济高效率发展、社会均衡绿色发展，切实转变发展方式，加快质量变革、效率变革、动力变革，在高质量发展上走在前列、争当表率；要承担起引领辐射带动区域高质量发展的责任，抢占全球产业链制高点，在服务全国构建新发展格局上打造高地、强化引领，为加快建设科技强国、全面建设社会主义现代化国家、实现第二个百年奋斗目标做出新的更大的贡献。

第一节　总体进展

国家高新区坚持“五位一体”总体布局和“四个全面”战略布局，落实创新、协调、绿色、开放、共享发展理念，全面实施创新驱动发展战略，以“发展高科技、培育新产业”为方向，坚持科技创新和制度创新双轮驱动，着力营造创新创业生态和产业生态，积极发展新经济、培育新动能、探索新治理，取得显著发展成绩，实现与全国创新驱动发展同频共振。

一、创新经济发展壮大

国家高新区经济规模持续扩大，成为我国经济增长的重要力量。2020年，全国169家国家高新区园区生产总值（GDP）加总达到13.56万亿元，GDP总额占全国GDP（101.60万亿元）的13.3%，比“十二五”末提高了1.1个百分点。按照2020年全年人民币与美元的平均汇率折算，国家高新区园区GDP约合1.97万亿美元，高于国家经济技术开发区GDP（1.60万亿美元）、广东GDP（1.61万亿美元），也高于韩国GDP（1.64万亿美元）和俄罗斯GDP（1.49万亿美元）。国家高新区全口径工业增加值占全国工业增加值的21.4%，出口总额占全国外贸出口（货物及服务出口19.9万亿元）的22.5%，实际利用外资金额占全国的42.7%。2020年83家国家高新区营业收入超过1000亿元，国家高新区成为地方创新发展的“领头雁”。

入统企业主要经济指标增长显著。2020年，国家高新区纳入火炬统计的企业共16.5万家，较2015年增长94.3%；上缴税费总额为18 626.0亿元，较2015年增长28.5%。入统企业实现营业收入427 998.06亿元、工业总产值256 355.83亿元、净利润30 442.25亿元、出口总额44 726.65亿元，“十三五”前4年年均增长分别为10.7%、6.2%、13.4%和7.4%。入统企业实现工业增加值率21.5%、净利润率7.1%，分别比“十二五”末高出1.6个百分点和0.7个百分点。

国家高新区已经成为我国培育和发展新兴产业的重要策源地。中关村的下一代互联网、上海张江的集成电路、武汉东湖的光通信、深圳的通信设备、杭州的安防设备等千亿级创新型产业集群已经具备国际竞争力，在关键前沿技术开发、重大产品与装备制造、国际技术标准创制等方面涌现出一大批高端技术和产品。人工智能、大数据、区块链、北斗导航、新能源汽车、网络直播等新产业、新业态在国家高新区、自创区不断涌现。数字支付、无人驾驶、量子通信、5G 技术及标准、生物疫苗、纳米材料和印制、铀离子电池技术和应用等方面相继获得重要突破，开辟了产业发展新方向。

二、创新环境持续优化

“十三五”以来，国家高新区通过聚集创新资源、建设创新平台、建立全链条孵化模式，培育了一批具有竞争力的创新主体，“大众创业、万众创新”在国家高新区持续深入推进。2020 年，国家高新区拥有国家级科技企业孵化器 739 家，较 2015 年增长 130.5%；科技企业加速器 888 家，较 2015 年增长 128.8%；众创空间达到 3681 家，其中科技部备案的众创空间为 1147 家，分别较 2015 年增加 1607 家和 917 家。

国家高新区已经成为我国创新体系的重要组成部分。2020 年，高新区内共有各类大学 1137 家，较 2015 年增长 45.3%；国家或行业归口的研究院所 1154 家，较 2015 年增长 85.3%。累计建设国家重点实验室 386 个、国家工程研究中心（国家工程实验室）超过 270 个（包含分中心）、国家工程技术研究中心 253 个、国家地方联合工程研究中心（工程实验室）482 个，国家高新区集聚了全国 70% 以上国家重点实验室、国家工程研究中心（国家工程实验室）。新型研发组织迅速发展，拥有省级及以上新兴产业技术研发机构超过 1000 家。

科技型企业呈现梯度、高速度成长的新态势。2020 年国家高新区当年新注册企业数约 74.8 万家，平均每天新注册企业 2049 家，年新增注册企业数占比约达 20.9%，创业极为活跃；创新创业质量持续提升，新注册企业中技术开发和技术服务型企业 21.1 万家，占当年新注册企业数的 28.3%；同时，吸引风险资本能力明显提升，2020 年高新区企业当年获得创业风险机构的风险投资额达到 1877.1 亿元，是“十二五”末的 4.6 倍。

三、创新产出明显提升

从创新技术投入角度看，2020 年国家高新区每万名从业人员中 R&D 人员折合全时当量为 849.0 人年，是全国每万名从业人员 R&D 人员（67.8 人年）的 12.5 倍；企业 R&D 经费内部支出达 9192.2 亿元，占全国企业 R&D 经费支出（18 673.8 亿元）的 49.2%，占园区 GDP 的 6.8%，是全国 R&D 经费支出与 GDP 比例（2.4%）的 2.8 倍多，超额实现了“十三五”规划发展目标（6.5%）。从创新产出角度看，截至 2020 年底，国家高新区企业拥有发明专利 100.5 万件，拥有境内发明专利 86.4 万件，占全国国内发明专利拥有量（267.1 万件）的 37.9%；国家高新区企业的发明专利授权占总专利授权的 28.4%，是全国相应比例（14.6%）的近 2 倍，凸显了国家高新区创新驱动发展的主引擎作用和价值。

“十三五”期间，高新技术企业群体蓬勃发展，高技术产业的经济实力和创新能力不断提升，产业结构持续优化。据不完全统计，截至 2020 年底，国家高新区企业中有上市企业主体 1684 家、新三板挂牌企业 3154 家、地方四板挂牌企业 3270 家。国家高新区共聚集高新技术企业 10.1 万家，约占全国高新技术企业总数（约 27.8 万家）的 36.3%。国家高新区的产业结构也在持续优化。2020 年，国家高新区高技术服务业企业共计 69 551 家，同比增长 25.3%，高技术服务业从业人员数增速为 16.4%。高技术服务业的企业数和从业人员规模增速分别是高技术制造业增速的 1.9 倍和 1.5 倍。值得指出的是，国家高新区的产业效率在“十三五”期间也实现了跨越式提升，2020 年国家高新区企业劳动生产率为 36.6 万元 / 人，较“十二五”末增幅达 15% 以上，是全国全员劳动生产率（13.5 万元 / 人）的 2.7 倍；企业利润率为 7.1%，比“十二五”末提高了 0.7 个百分点，比全国全年规模以上工业企业主营业务收入利润率（6.1%）高出 1 个百分点。

在特定领域，国家高新区形成了具有全球竞争力的创新型产业集群，在某些战略领域由并行走向领跑。位于中关村的京东方位列“2019 年全球半导体技术发明专利排行榜（TOP 100）”第三，百度以 5712 件申请量位列我国人工智能专利申请量排行榜第一。寒武纪云端 AI 芯片思元 270、灵汐科技世界首款类脑芯片“天机”、百济神州“泽布替尼”抗癌新药、龙芯 3A/3B4000 系列 CPU 等一批原创科技成果涌现。华为、中兴是 5G 的全球引领者；腾讯是全球最大的互联网公司之一；大疆创新占领消费级无人机全球 70% 的市场份额；贝特瑞成为全球最大的锂离子电池负极材料供应商；海思的“麒麟”应用处理器芯片性能与高通“骁龙”相当，处于国际并跑地位；云天励飞全球首创“云 + 端”动态人像智能解决方案，率先实现“亿万人脸，秒级定位”；紫光同创推出国内首款千万门级高性能自主产权 FPGA 芯片；微芯生物历时 12 年自主研发的一类新药西达本胺，作为一种抗肿瘤口服药物填补了我国 T 细胞淋巴瘤治疗药物的空白。杭州海康威视、大华股份、宇视科技三大数字视频监控企业年营业额分别位居全球第一、第二和第四，在产品规模和范围、技术功能先进性和整体解决方案提供等方面，居全球领先位置；合肥拥有世界首台光量子计算机、全球首个量子计算云平台、世界首款 AI+ 生物识别手环、全球首个实现手术自主导航的三维口腔 CT 等一系列国际前沿创新成果；西安涌现出一批全球领先的硬科技创新成果，如超宽禁带氮化镓功率器件、超高强韧镁基复合材料、碳化硅陶瓷复合材料、垂直腔面发射激光器、新一代人工晶状体、“启明 910”人工智能加速芯片等领先技术。

四、人才队伍培育壮大

坚持吸引培育一流人才，打造“人才高地”。国家高新区积极吸引培育一流创新人才，不断改善人居环境，提升城市品位，加快建设宜居宜业园区。2020 年，国家高新区从业人数 2383.5 万人，其中研究生（博士、硕士）167.1 万人、本科生 775.6 万人、大专生 502.0 万人，本科及以上学历从业人员占比达 39.6%。国家高新区作为中高端就业机会较多的地方，成为所在城市吸引知识型人才的关键流量口。

国家高新区科技活动人员不断聚集。2020 年，国家高新区中从事科技活动人员共计 514.4 万人，占从业人员总数的 21.5%。2020 年，国家高新区企业每万名从业人员中研发人员全时当量数为 849.0 人年，是全国平均水平的 12.5 倍。

五、创新开放不断扩大

“十三五”期间，国家高新区坚持开放协同发展，不断提升国际竞争力，迈向了更高层次开放的新阶段，在全球的创新竞争力显著增强。深度融入“一带一路”，集聚辐射全球创新资源的能力显著提升。国际贸易规模持续扩大。2020 年，国家高新区企业出口总额为 44 726.7 亿元，比“十二五”末增长了 41.9%，占我国出口总额（17.9 万亿元）的 24.9%；当年实际利用外资金额达到 4252.5 亿元，比“十二五”末增长了 55.4%，占全国实际使用外商直接投资金额（1 万亿元）的 42.5%，其中，企业海外上市融资股本达到 1559.8 亿元，是“十二五”末的 3.6 倍；企业对境外直接投资额为 1439.7 亿元，较“十二五”末增长了 58.5%。

国际贸易结构不断优化。2020 年，国家高新区企业高新技术产品出口总额为 26 540.8 亿元，较“十二五”末增长了 60.0%，占全国高新技术产品出口总额（53 692.4 亿元）的 49.4%；实现技术服务出口总额 7279.7 亿元，较“十二五”末增长了 55.2%，占全国服务出口总额（19 356.7 亿元）的 11.8%。同时，国家高新区企业高新技术产品出口总额占出口总额达 59.3%，技术服务出口总额占出口总额的 5.1%，较“十二五”末提高了 1.1 个百分点。

国际创新合作不断深入。截至 2020 年底，国家高新区内共有外资研发机构 3830 家，较“十二五”末增长了 134.4%，拥有外资研发机构 3646 家，是“十二五”末的 2 倍多，外资研发机构成为有效配置国际创新资源的重要平台。企业通过加强国际知识产权布局，进一步开拓国际市场，提升创新的国际竞争力。2020 年，国家高新区企业当年申请 PCT 国际专利 3.6 万件，占全国 PCT 专利申请受理量（7.2 万件）的 49.4%；申请欧美日专利 2.9 万件、授权欧美日专利 2.4 万件，分别是“十二五”末的 3.2 倍、6.0 倍；拥有境外注册商标 12.8 万项，是“十二五”末的 2.6 倍。

六、辐射带动能力强化

在主动服务国家战略、促进区域分工协作一体化、推动创新要素有序流动共享等方面积极探索，创新溢出效应明显，发挥了良好的辐射带动与引领示范作用。中关村累计已与全国26个省（区、市）77个地区（单位）建立战略合作关系，在京外合作共建园区27个；2020年企业技术合同成交额近80%辐射到京外地区，中关村企业在京外设立分支机构超过1.4万家。武汉东湖高新区在湖北省建立近30个“园外园”，在产业发展、成果转化、机制创新等方面形成辐射带动。苏州工业园发起设立长三角G60科创走廊产业园区联盟，推动建设国际一流的先进制造业重要集聚区。张江高新区与甘肃省共建“兰白科技创新改革试验区”，成立上海张江兰白科技创新改革试验区技术转移中心。西安高新区发起成立陕西省高新区联盟，通过技术服务、产业链协同、异地孵化等方式，推动区域协同发展。

第二节　空间布局与建设现状

总体上看，国家高新区从空间布局、企业能力培育、创新能力、产业结构、国际化等方面存在很大差距。

一、国家高新区空间布局现状

目前，全国共有国家高新区173家，分布在全国30个省（区、市）。其中东部地区70家，占全国国家高新区总数的40%，中部、西部和东北地区国家高新区数量分别为46家、41家和16家（表9–1）。

表9–1　国家高新区区域分布情况

所在区域	省级行政区	国家高新区名称
东部地区（70家）	上海	上海张江高新技术产业开发区
		上海紫竹高新技术产业开发区
	江苏	苏州工业园区
		南京高新技术产业开发区
		苏州高新技术产业开发区
		无锡高新技术产业开发区
		常州高新技术产业开发区

续表

所在区域	省级行政区	国家高新区名称
东部地区（70家）	江苏	泰州医药高新技术产业开发区
		昆山高新技术产业开发区
		江阴高新技术产业开发区
		徐州高新技术产业开发区
		武进高新技术产业开发区
		南通高新技术产业开发区
		镇江高新技术产业开发区
		连云港高新技术产业开发区
		盐城高新技术产业开发区
		常熟高新技术产业开发区
		扬州高新技术产业开发区
		淮安高新技术产业开发区
		宿迁高新技术产业开发区
	浙江	杭州高新技术产业开发区
		宁波高新技术产业开发区
		绍兴高新技术产业开发区
		温州高新技术产业开发区
		衢州高新技术产业开发区
		萧山临江高新技术产业开发区
		嘉兴秀洲高新技术产业开发区
		湖州莫干山高新技术产业开发区
	广东	广州高新技术产业开发区
		深圳市高新技术产业园区
		中山火炬高技术产业开发区
		佛山高新技术产业开发区
		惠州仲恺高新技术产业开发区
		珠海高新技术产业开发区
		东莞松山湖高新技术产业开发区
		肇庆高新技术产业开发区

续表

所在区域	省级行政区	国家高新区名称
东部地区（70家）	广东	江门高新技术产业开发区
		源城高新技术产业开发区
		清远高新技术产业开发区
		汕头高新技术产业开发区
		湛江高新技术产业开发区
		茂名高新技术产业开发区
	海南	海口高新技术产业开发区
	北京	中关村科技园区
	天津	天津滨海高新技术产业开发区
	河北	石家庄高新技术产业开发区
		保定高新技术产业开发区
		唐山高新技术产业开发区
		燕郊高新技术产业开发区
		承德高新技术产业开发区
	福建	福州高新技术产业开发区
		厦门火炬高技术产业开发区
		泉州高新技术产业开发区
		莆田高新技术产业开发区
		漳州高新技术产业开发区
		三明高新技术产业开发区
		龙岩高新技术产业开发区
	山东	济南高新技术产业开发区
		威海火炬高技术产业开发区
		青岛高新技术产业开发区
		潍坊高新技术产业开发区
		淄博高新技术产业开发区
		济宁高新技术产业开发区
		烟台高新技术产业开发区
		临沂高新技术产业开发区

续表

所在区域	省级行政区	国家高新区名称
东部地区（70家）	山东	泰安高新技术产业开发区
		枣庄高新技术产业开发区
		莱芜高新技术产业开发区
		德州高新技术产业开发区
		黄河三角洲农业高新技术产业示范区
中部地区（46家）	山西	太原高新技术产业开发区
		长治高新技术产业开发区
	安徽	合肥高新技术产业开发区
		芜湖高新技术产业开发区
		蚌埠高新技术产业开发区
		马鞍山慈湖高新技术产业开发区
		铜陵狮子山高新技术产业开发区
		淮南高新技术产业开发区
		滁州高新技术产业开发区
	江西	南昌高新技术产业开发区
		新余高新技术产业开发区
		景德镇高新技术产业开发区
		鹰潭高新技术产业开发区
		抚州高新技术产业开发区
		赣州高新技术产业开发区
		吉安高新技术产业开发区
		九江共青城高新技术产业开发区
		宜春丰城高新技术产业开发区
	河南	郑州高新技术产业开发区
		洛阳高新技术产业开发区
		安阳高新技术产业开发区
		南阳高新技术产业开发区
		新乡高新技术产业开发区
		平顶山高新技术产业开发区

续表

所在区域	省级行政区	国家高新区名称
中部地区（46家）	河南	焦作高新技术产业开发区
		信阳高新技术产业开发区
	湖北	武汉东湖新技术产业开发区
		襄阳高新技术产业开发区
		宜昌高新技术产业开发区
		孝感高新技术产业开发区
		荆门高新技术产业开发区
		随州高新技术产业开发区
		仙桃高新技术产业开发区
		咸宁高新技术产业开发区
		黄冈高新技术产业开发区
		荆州高新技术产业开发区
		黄石大冶湖高新技术产业开发区
		潜江高新技术产业开发区
	湖南	长沙高新技术产业开发区
		株洲高新技术产业开发区
		湘潭高新技术产业开发区
		益阳高新技术产业开发区
		衡阳高新技术产业开发区
		郴州高新技术产业开发区
		常德高新技术产业开发区
		怀化高新技术产业开发区
西部地区（41家）	内蒙古	包头稀土高新技术产业开发区
		呼和浩特金山高新技术产业开发区
		鄂尔多斯高新技术产业开发区
	广西	南宁高新技术产业开发区
		桂林高新技术产业开发区
		柳州高新技术产业开发区
		北海高新技术产业开发区

续表

所在区域	省级行政区	国家高新区名称
西部地区（41家）	重庆	重庆高新技术产业开发区
		璧山高新技术产业开发区
		荣昌高新技术产业开发区
		永川高新技术产业开发区
	四川	成都高新技术产业开发区
		绵阳高新技术产业开发区
		自贡高新技术产业开发区
		乐山高新技术产业开发区
		泸州高新技术产业开发区
		攀枝花钒钛高新技术产业开发区
		德阳高新技术产业开发区
		内江高新技术产业开发区
	贵州	贵阳高新技术产业开发区
		安顺高新技术产业开发区
		遵义高新技术产业开发区
	云南	昆明高新技术产业开发区
		玉溪高新技术产业开发区
		楚雄高新技术产业开发区
	陕西	西安高新技术产业开发区
		宝鸡高新技术产业开发区
		杨凌农业高新技术产业示范区
		渭南高新技术产业开发区
		榆林高新技术产业开发区
		咸阳高新技术产业开发区
		安康高新技术产业开发区
	甘肃	兰州高新技术产业开发区
		白银高新技术产业开发区
	宁夏	银川高新技术产业开发区
		石嘴山高新技术产业开发区

续表

所在区域	省级行政区	国家高新区名称
西部地区（41家）	青海	青海高新技术产业开发区
	新疆	乌鲁木齐高新技术产业开发区
		昌吉高新技术产业开发区
		新疆生产建设兵团石河子高新技术产业开发区
		克拉玛依高新技术产业开发区
东北地区（16家）	辽宁	沈阳高新技术产业开发区
		大连高新技术产业园区
		鞍山高新技术产业开发区
		营口高新技术产业开发区
		辽阳高新技术产业开发区
		本溪高新技术产业开发区
		阜新高新技术产业开发区
		锦州高新技术产业开发区
	吉林	长春高新技术产业开发区
		延吉高新技术产业开发区
		吉林高新技术产业开发区
		长春净月高新技术产业开发区
		通化医药高新技术产业开发区
	黑龙江	哈尔滨高新技术产业开发区
		大庆高新技术产业开发区
		齐齐哈尔高新技术产业开发区

二、不同区域国家高新区企业培育能力比较

总体来看，“十三五”期间国家高新区科技企业培育能力不断提升，但不同区域国家高新区在科技型企业和高新技术企业培养上表现出巨大差异（图9–1）。2020年东北地区、东部地区、西部地区、中部地区的国家高新区分别新认定高新技术企业1760家、24 683家、4744家和6588家，65.3%的新认定高新技术企业集中在东部地区的高新区中，超过另外3个地区新认定高

新技术企业数量总和。

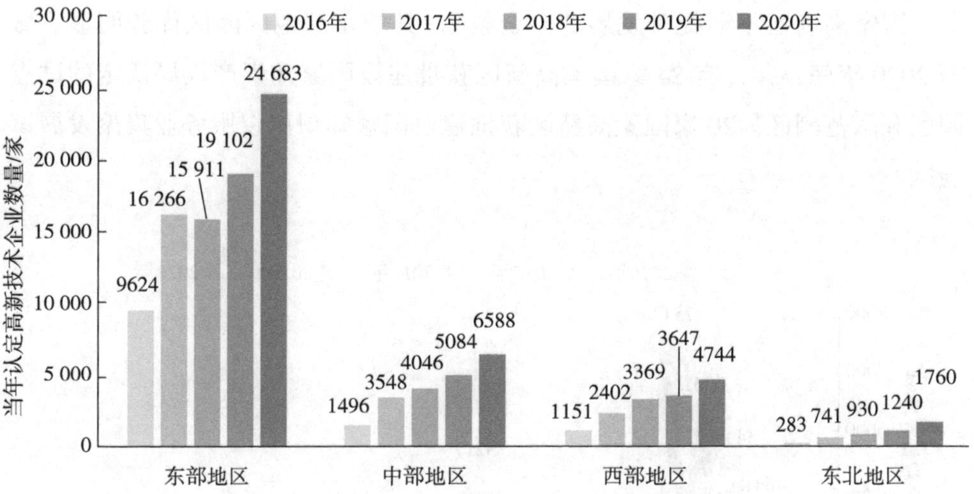

图 9-1　2016—2020 年不同区域国家高新区高新技术企业认定情况

从省份分布情况来看，2020 年当年国家高新区内新认的高新技术企业超 1000 家的省、直辖市共计 11 个，分别是北京、广东、江苏、上海、湖北、浙江、山东、湖南、安徽、陕西和四川，这 11 个省、直辖市当年认定的高新技术企业数量合计 30 661 家，占国家高新区整体的比例为 81.2%。其中北京、广东、江苏当年认定的高新技术企业数量分别为 5695 家、5043 家和 4679 家，占国家高新区整体的比例均在 12% 以上。

三、不同区域国家高新区创新能力比较

“十三五”期间，国家高新区不断提升知识产权服务力度，支持和鼓励企业创新发展。2020 年高新区企业 100 亿元增加值拥有知识产权数量和各类标准数由高到低分别是东部地区、中部地区、西部地区、东北地区，其中东部地区高达 7547 件，分别是东北地区、西部地区、中部地区的 2.1 倍、1.9 倍和 1.4 倍（图 9-2）。从数据变化看，四大地区国家高新区企业 100 亿元增加值拥有知识产权数量和各类标准数均保持不同幅度提升，其中东部地区增长更加迅速，位居四大地区之首。可见，东部地区国家高新区不仅单位经济

价值中的科技含量绝对值最高，而且增长量也最大，已成为区域经济高质量发展的“领头羊”。

国家高新区不断提升发展“含金量”，其中东部地区园区优势明显。截至2020年底，共计有84家国家高新区获批建设国家知识产权局认定的试点园区和示范园区，20家国家高新区获批建设国家知识产权服务业集聚发展试验区。

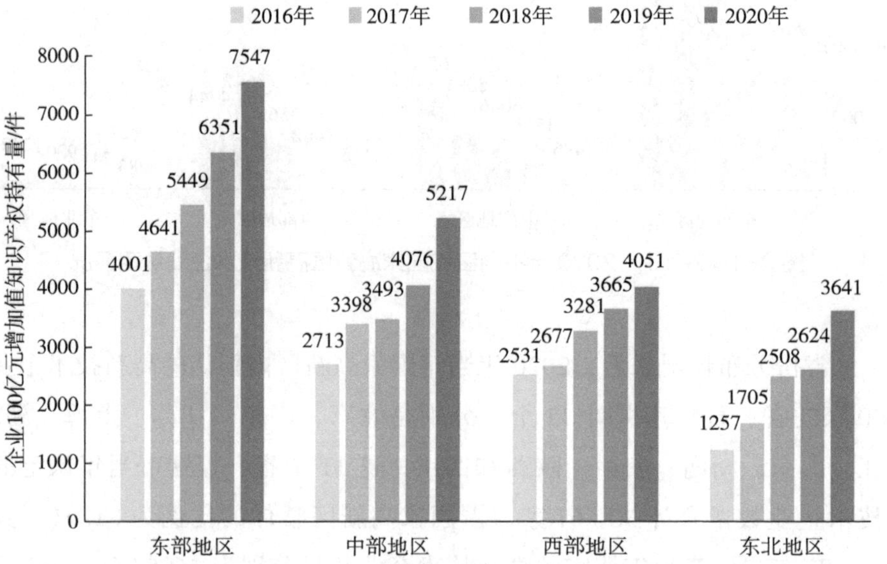

图9-2　2016—2020年不同区域国家高新区知识产权持有情况

四、不同区域国家高新区产业结构水平比较

2020年，国家高新区高技术产业营业收入占营业收入总额的38.8%，其中东部地区占比最高，为40.5%；其他3个地区中，西部地区高新区表现优于中部地区，东北地区高新区该指标最低，为15.3%（图9-3）。分省份看，国家高新区高技术产业营业收入占营业收入比例最高的为广东省，达到57.3%；其后是四川、海南、福建、江苏、青海、北京等省份，均在30.0%以上且高于国家高新区整体平均水平；内蒙古、甘肃和吉林均低于10.0%。

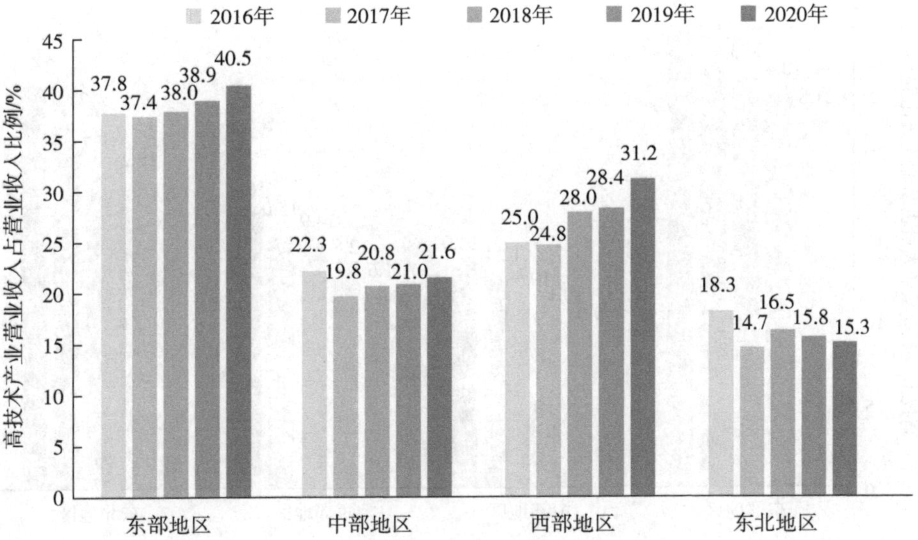

图 9-3　2016—2020 年不同区域国家高新区高技术产业占比情况

此外，高技术服务业是现代服务业的重要内容和高端环节，技术含量和附加值高，创新性强，发展潜力大，辐射带动作用突出；加快发展高技术服务业对于扩大内需、吸纳就业、培育壮大战略新兴产业、促进产业结构优化升级具有重要意义。2020 年，国家高新区属于高技术服务业的企业共计 69 551 家，同比增长 25.3%。高技术服务业从业人员数为 541.5 万人，同比增长 16.4%。高技术服务业从业人员占从业人员比例也在不断攀升，从一定程度上反映出国家高新区高技术服务业的现状和发展高端产业的配套环境，映射出国家高新区转方式、调结构及产业优化升级的成效。从地区上看，东部地区国家高新区的高技术服务业从业人员占从业人员比例最高。2020 年，东部地区和东北地区的高技术服务业从业人员占从业人员比重分别高于国家高新区整体平均水平 4.3 个和 1.2 个百分点，而中部地区和西部地区则低于国家高新区整体平均水平，其中中部地区最低（图 9–4）。

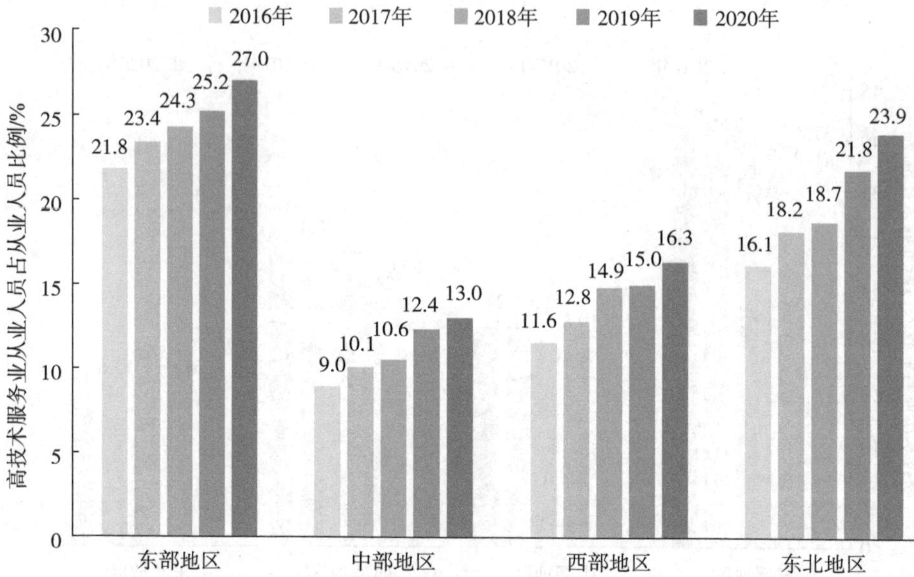

图 9-4　2016—2020 年不同区域国家高新区高技术服务业从业人员情况

从省份上看，国家高新区高技术服务业从业人员占从业人员比例最高的为北京和上海，分别高达 51.2% 和 42.6%；辽宁、陕西、天津、安徽、四川、山西、河北和贵州的国家高新区均在 20% 以上，表现相对较好；而海南省国家高新区指标仅为 4.5%，与其他省份的差距较大。

五、不同区域国家高新区国际化水平比较

国家高新区一直以来都鼓励园区企业、机构开展多种形式的国际创新合作，通过开放创新来提升园区的国际竞争力。截至 2020 年，有 78% 的国家高新区出台了相关的国际化发展政策。从整体效果看，东部地区的国家高新区国际化发展成效好于其他地区。以高新区内资控股企业万人拥有欧美日专利授权数量及境外注册商标数量上来看，2020 年东部地区国家高新区为 169 件，比国家高新区整体平均水平高 58 件（图 9-5）；而其余 3 个地区国家高新区均低于国家高新区整体平均水平。

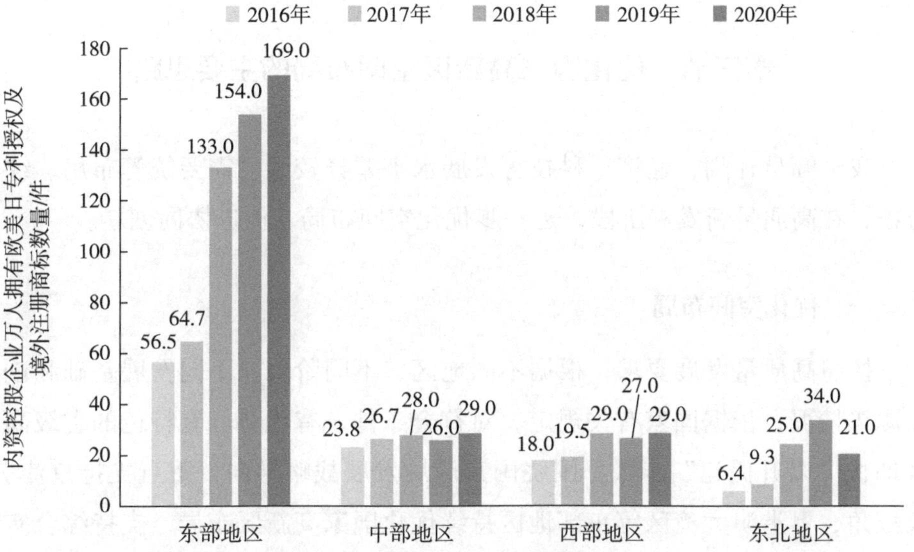

图 9-5　2016—2020 年不同区域国家高新区境外知识产权持有情况

六、国家高新区区域布局方面存在的问题

一是国家高新区覆盖率存在不均衡。经过几十年的发展，国家高新区目前数量已达到 173 家，但从地域分布上来看，东部地区拥有 70 家国家高新区，占比超过 40%，4 个拥有超过 10 家国家高新区的省份，有 3 个省为东部省份。西部地区仅有 41 家国家高新区，且部分省份高新区数量较少，如西藏自治区到目前还没有设立国家高新区，青海省仅有 1 家国家高新区。

二是各地区高新区发展水平不一，差距较大。从地区分布看，东部高新区的整体水平明显好于其他 3 个地区，中部、西部、东北地区从各个指标的相互比较上来看，均各有优势和欠缺。

三是各省内的高新区发展水平差异较大。一些省份虽然拥有一定数量的国家高新区，但从高新区体量、发展质量、创新能力、经济辐射作用等方面，省内重点城市尤其是省会城市的国家高新区发展普遍较好，而本身发展基础较弱的城市国家高新区还有待进一步提升。

第三节　优化国家高新区空间布局的主要思路

我国幅员辽阔，经济、科技等发展水平差异较大，需要统筹布局、综合考虑，在高质量新发展阶段，进一步优化空间布局，促进协同创新。

一、优化空间布局

按照高质量发展要求，根据不同地区、不同阶段、不同发展基础和创新资源等情况，依据国家有关规定，对符合条件、有优势、有特色的省级高新区加快“以升促建”步伐。围绕国家区域发展战略导向，重点支持京津冀、长三角、粤港澳大湾区等东部地区持续优化国家高新区布局，支持综合实力强的县域合理布局，实现地级市全覆盖，引领东部地区率先实现高质量发展；加快推进中部地区具备条件的地区创建国家高新区，实现地级市全覆盖，促进长江中游城市群和中原城市群协同发展，引领支撑中部地区崛起；支持成渝、关中平原等西部地区加快布局国家高新区，在西部禁止开发和限制开发区域非必要不布局，支撑新时代西部大开发；支持东北地区各地级市加快布局国家高新区，打造引领东北全面振兴全方位振兴的战略性平台。支持符合条件的国家高新区建设国家自主创新示范区，在更高层次探索创新驱动发展新路径。

二、加强分类指导

在总结国家高新区分类指导建设工作的经验基础上，立足于新时代新发展阶段的要求，贯彻落实习近平总书记在中关村论坛上提出“建设世界领先的科技园区”和国务院《关于促进国家高新技术产业开发区高质量发展的若干意见》(国发〔2020〕7号)“建成若干具有世界影响力的高科技园区和一批创新型特色园区”的要求，深化分类指导，全面推动国家高新区因地制宜探索高质量发展路径。

支持东部地区国家高新区强化引领示范作用，主动服务支撑国际科技创新中心、综合性国家科学中心、区域科技创新中心建设，争取国家重大科技基础设施布局，进一步提升关键核心技术攻关能力，加快布局未来产业和跨界融合新赛道，打造数字经济新优势，培育一批具有世界影响力的创新型产业集群和创新型领军企业，增强产业链供应链自主可控能力，更高层次参与国际经济合作和竞争，建设世界一流高科技园区，率先实现社会主义现代化。

引导中部地区国家高新区立足能源原材料、装备制造及高技术产业基础，加强城市群协同联动，全面融入区域科技创新中心建设，提高关键领域自主创新能力，推进产业结构优化升级，建设高新技术产业带，培育若干具有较强竞争力的创新型产业集群，不断优化能源结构，提升能源效率，加速实现碳达峰，引领中部地区高质量发展和绿色崛起。

鼓励西部地区国家高新区立足区域资源禀赋和比较优势，大力发展特色主导产业，规划建设集知识创造、技术创新和特色战略产业培育等功能于一体的创新核心区，协同打造区域科技创新中心，加强创新资源配置和产业发展统筹，提升资源利用效率和环境保护水平，积极推进企业转型、产业转型、园区转型，引领支撑西部大开发形成新格局。

支持东北地区国家高新区从维护国家国防、粮食、生态、能源、产业安全的战略高度，把创新作为引领发展的第一动力，加快产业结构优化升级，持续优化营商环境，巩固提升绿色发展优势，激发经济发展活力和内生动力，破解制约东北振兴改革、创新、开放发展的深层次体制机制障碍，在推进东北振兴进程中当先锋、做示范。

三、协同创新发展

一是推进区域内协同发展。充分利用好国家高新区在地区经济中“领头羊”“排头兵”的作用，强化外溢效应，带动所在区域经济社会整体效益提升。全力支持国家高新区建设现代化产业体系，加强邻近国家高新区之间的合作与交流，开展国家高新区产业链“补链强链”行动，推进产业链区域间布局和错位竞争。

二是推进跨区域协同发展。扎实开展结对帮扶工作，积极组织东部发达高新区与科技部定点帮扶县开展一对一结对帮扶，落实东中西部协同发展战略。加强东中西部国家高新区对口合作和交流，扎实开展结对帮扶工作。充分利用好东部地区高新区的建设管理经验、人才资本等优势，通过产业转移调整、异地孵化、飞地经济、伙伴园区等方式开展交流合作，建立跨区域协同创新利益共同体，加强区际间资源统筹协调，推进产业创新协同发展。

第十章　国家可持续发展的布局现状与未来考虑

结合国家可持续发展议程创新示范区（简称“示范区”）、国家可持续发展实验区（简称“实验区”）工作的建设背景、发展现状，基于数据和事实，本章具体分析各示范区自批复以来开展的主要工作、取得的进展及创新能力提升的具体情况。重点围绕不同示范区如何解决可持续发展面临的瓶颈问题、集成各类创新资源、加强科技成果转化、探索完善体制机制等方面的思路与工作布局进行深入分析研究，提出未来国家可持续发展实验区和可持续发展议程创新示范区的布局考虑和配套政策建议。

第一节　示范区建设背景

国家可持续发展议程创新示范区是深入贯彻党的十九大精神，以习近平新时代中国特色社会主义思想为指引，结合联合国2030年可持续发展议程，探索以科技为核心的可持续发展问题系统解决方案，而启动的。国家可持续发展实验区是科技部、国家发展改革委等20个国务院部门和地方政府，从1986年开始共同推动的一项可持续发展试点工作。

一、示范区建设背景及定位

2015年9月，习近平主席出席联合国发展峰会，同各国领导人一道通过了联合国2030年可持续发展议程。我国高度重视议程的落实工作。2016年9月，李克强总理在出席第71届联合国大会期间发布《中国落实2030年可持续发展议程国别方案》，提出了建立落实2030年可持续发展议程创新示范区等一揽子落实举措。2016年12月，国务院印发《中国落实2030年可持续发展议程创新示范区建设方案》（国发〔2016〕69号），就示范区建设做出了明确部署。

建设国家可持续发展议程创新示范区是新时代科技创新工作的新作为。党的十九大对科技创新明确了新定位、提出了新要求、做出了新部署，强调创新是引领发展的第一动力，是建设现代化经济体系的战略支撑，要求把科技创新全面融入经济建设、社会民生、生态文明、区域发展等社会主义现代化建设各领域。建设国家可持续发展议程创新示范区，就是坚持新发展理念，紧扣我国社会主要矛盾变化，按照高质量发展要求，围绕统筹推进“五位一体”总体布局和协调推进“四个全面”战略布局，践行习近平总书记关于新时代中国特色社会主义科技创新思想，针对造成我国发展不平衡、不充分的瓶颈问题，通过在区域层面的探索和实践，加强科技成果应用示范和转移转化，形成以科技为核心的系统解决方案，助力打好防范化解重大风险、精准脱贫、污染防治等攻坚战，打造一批满足人民日益增长的美好生活需要的可持续发展现实样板。另外，建设国家可持续发展议程创新示范区也是做负责任大国的务实举措。2030 年可持续发展议程是国际社会共同绘就的发展蓝图，事关人类的生存与发展。落实 2030 年可持续发展议程是当前国际发展合作的共同任务，也是国际社会的共同责任。建设国家可持续发展议程创新示范区就是中国政府扎实推进 2030 年可持续发展议程、落实国别方案的具体体现。通过建设创新示范区，进一步扩大与各国的发展合作与交流，积极主动为国际社会提供中国方案、分享中国经验、贡献中国智慧，推动构建人类命运共同体。

因此，国家可持续发展议程创新示范区工作的整体定位是深入贯彻党的十九大精神，以习近平新时代中国特色社会主义思想为指引，结合联合国 2030 年可持续发展议程的落实，按照“创新理念、问题导向、多元参与、开放共享”的原则，以推动科技创新与社会发展深度融合为着力点，探索以科技为核心的可持续发展问题系统解决方案，为我国破解新时代社会主要矛盾、落实新时代发展任务做出示范并发挥带动作用，为全球可持续发展提供中国经验。

二、实验区基本情况

实验区是我国开展地方可持续发展探索与实践的重要平台之一。20 世纪 80 年代中期，我国很多地区在经济快速发展的同时，出现了社会事业发展滞后、环境污染严重等问题。针对这种状况，1986 年，原国家科委和国务院有关部委在江苏省常州市和锡山市华庄镇开始了城镇社会发展综合示范试点工作。1992 年 5 月，原国家科委和原国家体改委共同发出了《建立社会发展综合实验区的若干意见》，并由23个国务院有关部门和团体共同组成了实验区协调领导小组（随后又增加了5个部门），成立了社会发展综合实验区管理办公室。1994年3月后，实验区工作中心转向可持续发展，并要求各实验区率先建成实施《中国21世纪议程》和可持续发展战略的基地。1997年12月，“社会发展综合实验区”更名为“国家可持续发展实验区”。

经过30余年持之以恒地推进，实验区按照可持续发展的要求，在大城市改造、小城镇建设、社区管理、环境保护及资源可持续利用、资源型城市发展、旅游资源的可持续开发与保护等方面积累了丰富的经验。实验区在实践中依靠科技创新开展实验示范，探索不同类型地区的经济、社会和资源环境协调发展的机制和模式，为不同类型地区实施可持续发展提供示范样板和具有引领带动作用，为推进国家可持续发展战略实施提供了积极、有益的尝试也为推动《中国21世纪议程》积累了重要的经验。截至2021年底，我国已经建立起国家可持续发展实验区189个，遍及全国90%以上的省（区、市）。

根据《中国落实2030年可持续发展议程创新示范区建设方案》，申报示范区地区应具有国家可持续发展实验区的工作基础并取得显著成效。因此，实验区工作是示范区建设的重要基础。

三、示范区工作的推进

《中国落实2030年可持续发展议程创新示范区建设方案》提出在“十三五”期间建设10个左右国家可持续发展议程创新示范区，打造一批可复制的可持续发展现实样板，明确了“中国落实2030年可持续发展议程创新示范区”的推进思路和目标。2018年2月和2019年5月，国务院分别批准广东深圳、山西太原、广西桂林，以及河北承德、湖南郴州、云南临沧6个城市为国家可持续发展议程创新示范区，分别围绕创新引领超大型城市可持续发展、资源型城市转型升级、景观资源可持续利用，以及城市群水源涵养功能区可持续发展、水资源可持续利用与绿色发展、边疆多民族欠发达地区创新驱动发展等开展示范区建设。既体现了我国东中西不同地域布局的代表性，也体现了可持续发展不同阶段和面临的不同类型问题的代表性（表10–1）。

表 10-1 示范区创建及批复情况

示范区名称	批复时间	创建主题	重点任务
太原市	2018 年 2 月，国函〔2018〕30 号	资源型城市转型升级	重点针对水污染与大气污染等问题，集成应用污水处理与水体修复、清洁能源与建筑节能等技术，实施水资源节约和水环境重构、用能方式绿色改造等行动，统筹各类创新资源，深化体制机制改革，探索适用技术路线和系统解决方案，形成可操作、可复制、可推广的有效模式，对全国资源型地区转型发展发挥示范效应
桂林市	2018 年 2 月，国函〔2018〕31 号	景观资源可持续利用	重点针对喀斯特石漠化地区生态修复和环境保护等问题，集成应用生态治理、绿色高效农业生产等技术，实施自然景观资源保育、生态旅游、生态农业、文化康养等行动，统筹各类创新资源，深化体制机制改革，探索适用技术路线和系统解决方案，形成可操作、可复制、可推广的有效模式，对中西部多民族、生态脆弱地区实现可持续发展发挥示范效应，为落实《2030 年可持续发展议程》提供实践经验
深圳市	2018 年 2 月，国函〔2018〕32 号	创新引领超大型城市可持续发展	重点针对资源环境承载力和社会治理支撑力相对不足等问题，集成应用污水处理、废弃物综合利用、生态修复、人工智能等技术，实施资源高效利用、生态环境治理、健康深圳建设和社会治理现代化等工程，统筹各类创新资源，深化体制机制改革，探索适用技术路线和系统解决方案，形成可操作、可复制、可推广的有效模式，对超大型城市可持续发展发挥示范效应
郴州市	2019 年 5 月，国函〔2019〕44 号	水资源可持续利用与绿色发展	重点针对水资源利用效率低、重金属污染等问题，集成应用水污染源阻断、重金属污染修复与治理等技术，实施水源地生态环境保护、重金属污染及源头综合治理、城镇污水处理提质增效、生态产业发展、节水型社会和节水型城市建设、科技创新支撑等行动，统筹各类创新资源，深化体制机制改革，探索适用技术路线和系统解决方案，形成可操作、可复制、可推广的有效模式，对推动长江经济带生态优先、绿色发展发挥示范效应

续表

示范区名称	批复时间	创建主题	重点任务
临沧市	2019 年 5 月，国函〔2019〕45 号	边疆多民族欠发达地区创新驱动发展	重点针对特色资源转化能力弱等瓶颈问题，集成应用绿色能源、绿色高效农业生产、林特资源高效利用、现代信息等技术，实施对接国家战略的基础设施建设提速、发展与保护并重的绿色产业推进、边境经济开放合作、脱贫攻坚与乡村振兴产业提升、民族文化传承与开发等行动，统筹各类创新资源，深化体制机制改革，探索适用技术路线和系统解决方案，形成可操作、可复制、可推广的有效模式，对边疆多民族欠发达地区实现创新驱动发展发挥示范效应
承德市	2019 年 5 月，国函〔2019〕46 号	城市群水源涵养功能区可持续发展	重点针对水源涵养功能不稳固、精准稳定脱贫难度大等问题，集成应用抗旱节水造林、荒漠化防治、退化草地治理、绿色农产品标准化生产加工、“互联网 + 智慧旅游”等技术，实施水源涵养能力提升、绿色产业培育、精准扶贫脱贫、创新能力提升等行动，统筹各类创新资源，深化体制机制改革，探索适用技术路线和系统解决方案，形成可操作、可复制、可推广的有效模式，对全国同类的城市群生态功能区实现可持续发展发挥示范效应

自国务院印发《中国落实 2030 年可持续发展议程创新示范区建设方案》（国发〔2016〕69 号）以来，科技部高度重视，积极会同国家可持续发展实验区部际联席会议成员单位推进示范区建设。

（一）统筹推进示范区建设的各项工作

科技部发挥牵头部门作用，部党组会、部务会多次就示范区工作进行专题研究，将其列入落实党中央、国务院部署的重要事项、纳入科技部的重点工作。为有序推进示范区建设与管理工作，科技部社发司与中国 21 世纪议程管理中心建立了有效的工作机制，严格按照《申报指引》组织地方申报，确保高标准遴选和建设示范区。截至 2021 年底，已推动第一、第二批共 6 个地区获国务院批复建设示范区，第三批示范区备选地区遴选工作已完成。

（二）加强项目、政策等支持

部际联席会议各成员单位履职尽责，分别从科技支撑、项目支持、政策落地、对外宣传等方面支持示范区建设。在科技支撑方面，科技部在重点研发计划中围绕水资源高效开发、喀斯特景观保护、超大城市公共安全、固废综合利用等方面支持示范区开展关键技术研发及示范。在项目支持方面，住房城乡建设部、农业农村部等多个部委为临沧市示范区建设提供超过 20 亿元的项目支持；国家发展改革委为承德植树造林、水土流失综合治理等 51 个项目提供 4.8 亿元的项目支持。在政策落地方面，文化和旅游部将临沧市的示范区建设纳入全国文化旅游发展“十四五”规划；国家林业和草原局批准临沧市建设国家级坚果类检测重点实验室和国家澳洲坚果工程技术研究中心；生态环境部支持中国环科院、环境规划院与承德市人民政府签订“两区”战略合作协议；水利部支持中国水科院与郴州市签订《水资源可持续利用与绿色发展技术合作框架协议》；外交部在第 73 届联合国大会期间，支持各示范区在联合国总部举办示范区建设主题图片展，在精准脱贫、创新引领发展、生态文明建设、乡村振兴、共建“一带一路”等方面，向世界分享中国创新驱动可持续发展的经验；自然资源部推动太原西山矿山修复、开发式造林经验模式的推广应用。

（三）大力提供技术支撑服务

科技部先后组织召开示范区咨询评议会 5 次、备选地调研对接和示范区工作推进会数十次，专家的作用日益凸显。在规划与方案编制方面，指导申报地梳理瓶颈问题、明确示范主题、编制切实可行的可持续发展规划和示范区建设方案。在决策支撑方面，为郴州、桂林、临沧等示范区出台省级支持政策、凝练科技需求及编制技术规范等提供了高水平的咨询服务。在技术支撑方面，围绕示范区的瓶颈问题和技术难点，组织有关科研院所和高校，提供技术支撑服务。在进展评估方面，中国 21 世纪议程管理中心组织专家研究制定评估指标体系，从规划目标落实、创新能力提升、落实 SDGs 进展 3 个方面对示范区建设成效进行了评估。

（四）逐步形成全民参与创新驱动可持续发展的氛围

示范区建设工作启动以来，有 23 省（区、市）正式提出了创建申请。

在争创示范区的过程中，各地认真学习国务院文件，多次由省领导带队到科技部对接交流，深刻领会依靠创新驱动可持续发展的必要性、紧迫性。在国务院批准太原等 6 个示范区后，许多省（区、市）积极派人到示范区调研学习，这 6 个示范区也通过全国两会、全国社发科技工作会等渠道，主动向其他省（区、市）分享创新驱动可持续发展的做法和经验。与此同时，《人民日报》、新华社、《光明日报》等中央媒体对示范区建设进行了广泛报道，《央视新闻联播》专门介绍了示范区的建设背景、总体部署情况；《经济参考报》《科技日报》《可持续发展经济导刊》等媒体深入示范区采访报道；各示范区立足当地实际，采取灵活多样的方式宣传建设成效。示范区建设已经成为社会各界密切关注、热议的话题，也为全民参与可持续发展发挥了巨大的推动作用。

第二节　示范区发展现状

示范区工作推进以来，在促进经济与社会协调发展、城乡融合等方面，取得了积极成效。

一、创新示范区建设的总体情况

（一）强化各项重点行动（工程）投入

太原、桂林、深圳和郴州、临沧、承德 6 个示范区围绕《建设方案》确定的各项重点行动（工程），多措并举加大资金投入，加强产业发展、社会民生、基础设施等可持续发展的重点工程项目建设，2018—2020 年累计投入 8520.2 亿元（创立至 2019 年投入 5403.75 亿元，2020 年累计投入 3116.45 亿元）。2019 年，各级财政投入占 44.99%、社会融资占 55.01%；用于产业发展的投资占 37.82%、用于基础设施的占 27.61%、用于社会民生的占 21.33%、用于科技创新的 2.99%、用于生态环境整治的占 10.25%。

2019 年，太原市总体投入最高，达 1735.15 亿元，其中社会投入占比最大，达 77.81%；深圳市本市投资额度最高，达 620.5 亿元；临沧市投入结构较为平均，国家、省、市和招商引资经费比例分别为 33.19%、23.35%、

14.67%、28.78%。

此外，各示范区在投资方向上差异明显。郴州市在产业发展方面的投资占 1068.76 亿元总投资的 73.18%；临沧市为解决基础设施薄弱问题，将 83.22% 的投资用于基础设施建设；而太原市为推动形成绿色发展方式和生活方式，将投资重点放到了社会民生，总经费达 785.17 亿元。

（二）加快产业绿色转型步伐

各地通过对现有产业的创新升级，推进自身优势资源的集约化利用和对传统产业的绿色化、生态化转型。

示范区经济发展良好。2019 年平均 GDP 增长率 6.95%，明显高于全国 6.1% 的水平。从各示范区情况看，除桂林的 GDP 增长率略低于全国平均水平外，其他 5 个示范区均高于全国平均水平，尤其是临沧和郴州 GDP 增长率分别达到 8.5% 和 7.8%，比全国平均水平高出 2.4 个和 1.7 个百分点，呈现良好的增长态势和发展潜力。

2019 年示范区平均万元 GDP 水耗 79.16 立方米 / 万元，比 2018 年下降了 6.22 个百分点，水资源利用效率明显提升，但是总体上仍高于全国平均水平，尤其是桂林、临沧和郴州还需要在提升水资源利用效率方面加大工作力度。

示范区在产业绿色转型方面取得了显著成效。深圳低碳综合指数全国排名第一。承德加快新旧动能转换，2019 年绿色产业增加值占 GDP 的 46.5%。临沧市可再生能源发电量占全部发电量的 90%，在各示范区中位列第一，以水电为主的绿色能源产值达 39.7 亿元。

（三）水土气污染状况明显改善

通过对源头问题的综合分析和大力整治，多举措并行推进生态整治工作，示范区取得了一系列应对水污染、大气污染、景观生态破坏等主要问题方面的进展，生态环境质量显著提升。2019 年，示范区平均空气质量优良天数比例达 85.08%，高于全国平均水平（82%）；示范区平均 PM2.5 浓度 34.5 微克 / 立方米，低于全国平均水平（36 微克 / 立方米）；示范区平均地表水达到或好于Ⅲ类水体比例 82.19%，高于全国平均水平（74.9%）。

在水体治理方面，太原市通过中水回用、节水灌溉、污水截污纳管处理、人工湿地和生态廊道建设等主要举措从水量、水质、水生态环境 3 个方面开展治水工作，建成区黑臭水体全面消除，汾河流域太原段国考断面全部消除劣Ⅴ类；深圳市创新性地推行“大兵团作战、全流域治理”方式，统筹“厂、网、河”等涉水全要素，联合调度水质净化厂、管网、泵站、水闸等设施，地表水达到或好于Ⅲ类水体比例由 2018 年的 28.6% 增长到 2019 年的 42.9%。

生态整治方面，桂林市针对喀斯特世界自然遗产地（风景区）的景观生态破坏、石漠化等问题，开展生态景观修复项目，修复面积达 11 万平方米，同时配合景观、污水治理等一系列工程的开展，植树造林 15.6 万亩，“石漠化发生率”下降为 26.2%。

大气污染防治方面，太原市持续开展“减煤、治企、控车、抑尘”，环境监管云平台实现排污扬尘精准管控，2019 年连续 8 个月降尘降幅居“2+26”个城市之首，2020 年 3 月、5 月、6 月再排第 1 位。采用空气源热泵、热库等技术完成清洁取暖改造 23.23 万户，农村清洁供暖覆盖率达到 80% 以上，基本实现了平川地区清洁供暖全覆盖，煤都太原告别燃煤取暖历史。

（四）深入推进城乡融合发展

各示范区紧紧围绕就业这一最大的民生，千方百计创造就业机会，积极提供就业信息服务。2019 年示范区平均城镇登记失业率为 2.92%，远低于全国平均值（3.6%），各示范区的失业率也均低于全国平均水平。示范区统筹城乡发展，大力推动乡村振兴，城乡收入差距进一步缩小，发展的公平性进一步增强。2019 年，示范区平均城乡收入比为 2.10 : 1.00，明显低于全国平均值（2.64 : 1.00）。在 6 个示范区中，除承德城乡收入比与全国基本持平外，其他示范区均低于全国平均水平。

在人口健康方面，各示范区持续加强医疗卫生等公共服务能力建设，持续完善重点疾病防控体系，居民人均预期寿命不断提高。2019 年，示范区平均预期寿命 78.1 岁，比全国平均水平高 0.8 岁。除临沧外，其他 5 个示范区均达到或优于全国平均水平。

新冠肺炎疫情发生以来，各示范区以科技创新支撑为引领，优化经济结构、转换增长动力，驱动经济社会发展和生态文明建设共进。2020 年，示范区平均 GDP 增长率 3.2%，明显高于全国平均水平（2.3%）。其中，承德市、临沧市和郴州市增长率位列前三，分别达 4.0%、3.7% 和 3.6%，分别高出全国平均值 1.7 个、1.4 个和 1.3 个百分点。相较去年示范区经济发展，各示范区保持了稳健的经济增长态势。其中承德市提升较大，GDP 增长率由示范区第 5 位提升至第 1 位，呈现良好的发展潜力。

二、示范区科技创新情况分析

（一）创新能力提升

示范区围绕国家发展战略和国家经济社会发展重大需求，充分发挥科技创新对高质量发展的支撑作用，不断加大创新投入，不断提升创新能力，可持续发展创新动能持续增长。2019 年示范区全社会研发投入超过 1415 亿元，R&D 经费投入强度稳步增加，企业技术创新投入增长超过 32%，每 10 万人拥有的高新技术企业数连续两年以超过 20% 的速度增长，每万人发明专利拥有量呈加速增长态势。2020 年，全部示范区当年新增高新技术企业 2329 家，其中深圳最多，达到 1649 家；全部示范区当年登记入信息库的科技型中小企业 1.78 万家，其中太原最多，达到 8726 家。

2019 年深圳市的 R&D 经费支出占地区生产总值的比重、规模以上工业企业研发支出占规模以上工业企业生产总值的百分比、每万人发明专利拥有量和每 10 万人拥有高新技术企业数等各项指标均高于全国平均水平。深圳每万人发明专利拥有量为 106.3 件，是全国平均水平的 7.99 倍；10 万人拥有高新技术企业数为 126.51 家，是全国平均水平的 7.87 倍。

（二）面向需求突破关键技术

示范区聚焦可持续发展面临的瓶颈问题，主动布局重大科技计划项目、加强问题诊断和技术筛选，明确技术路线，加大技术集成力度，促进科技成果转移转化和推广应用，初步形成成熟有效的系统解决方案。

深圳市围绕大型城市普遍面临的垃圾围城难题，初步探索出以“源头分类、全程减量、梯级利用、安全处置、智慧监管”为主线的技术体系，为建设“无废城市”提供了技术集成解决方案。新冠肺炎疫情暴发初期，深圳迅速调配 2 亿元财政科技专项资金，设置“悬赏制”攻关项目，采取“赛马式”竞争机制，组织实施疫情防控科研攻关，围绕快速检测、药物研发等领域，分 7 批次推动 59 个科研攻关项目获得国家、省、市新冠肺炎疫情应急防治技术专项立项，取得一系列创新成果，有力支撑了疫情防控阻击战。

桂林市在深入推进高效生态农业生产基地和示范工程建设中，总结凝练出“猪—沼—果（菜、林）—鱼”“水稻 + 甜玉米 + 菜花 + 绿肥”耕作、“果园养鸡”等一批种养结合、生态循环的技术体系，为漓江流域保护与发展提供了技术支撑。太原市在大气污染综合治理攻坚行动中，开发出“环境监管云平台”，初步实现了对排污扬尘的精准管控，也为实现全市范围的联防联控提供了信息化支撑。郴州市东江湖大数据中心，利用东江湖天然冷水循环，节约用电 838.31 万度，创造了国内 IDC 最低纪录，成为中国第一、世界领先的绿色节能大数据中心。

（三）推动成果转化

示范区围绕建设主题，大力发展科学研究平台、产业技术平台、创业孵化平台和公共服务平台，汇聚整合了一批创新资源。

深圳市紧扣大湾区产业转型需要，出台专门政策支持光明科学城建设，打造具有全球竞争力的中试转化基地和制造业创新中心，新增各类创新载体 381 家，累计建成各类创新载体 2260 家，内容涵盖经济社会发展的重要领域。桂林市自建设示范区以来，新增国家企业技术中心、国家级协同创新中心等各类国家级科技创新基地与平台 17 家，推进中科院广西植物研究所等与广西师范大学共建“可持续发展创新研究院”，为桂林景观资源的可持续开发利用与保护提供科技支撑。

（四）建设创新人才高地

示范区把积聚和用好各类人才作为首要任务，大力实施高端人才引进计划，搭建人才事业发展平台，着力引进科技领军人才、青年科学家及经济社会发展急需的各类人才，已经建立起一支结构合理的创新型人才队伍。深圳市通过各项人才政策共引入院士 17 人，各类专业技术人才数百万人。太原市连续三年每年安排 10 亿元人才专项资金，人才引进成效显著，迁入各类人才及家属 8 万余人。桂林市与深圳市于 2019 年 10 月共同建立“人才飞地”机制，实现深桂两市人才直接对话、跨区域资源对接和信息共享，打通人才、资金、项目流通渠道，实现两地在示范区建设中互利共赢。

三、示范区的体制机制创新

（一）出台政策与具体措施

相关省（区、市）政府根据国务院对示范区的批复要求，及时出台支持政策，加大对示范区建设的支持力度。湖南省制定《关于支持郴州市建设国家可持续发展议程创新示范区的若干政策措施》，广西壮族自治区出台《关于支持桂林市建设国家可持续发展议程创新示范区的若干政策》，河北省出台《关于支持承德市建设国家可持续发展议程创新示范区的若干政策措施》，云南省出台《支持临沧市建设国家可持续发展议程创新示范区若干政策》。专项政策紧密围绕各示范区建设主题，重点突出，特色鲜明，为各示范区建设提供保障。

2019 年 9 月，湖南省政府出台《关于支持郴州市建设国家可持续发展议程创新示范区的若干政策措施》（湘政办发〔2019〕46 号），对支持郴州建设国家可持续发展议程创新示范区做出系统部署。文件围绕郴州市的创新示范区建设目标和重点任务，对郴州市水生态修复保护、水资源高效利用、矿山资源综合利用和治理，产业绿色转型、园区高质量发展、基础设施建设、创新动能、对外开放、体制改革、财税金融等 10 个方面提出了指向精准的支持政策和措施，被地方称为“湘十条”。根据“湘十条”，湖南省每年将安排 1.4 亿元资金连续 3 年支持创新示范区建设。

（二）专门机构保障运行

各示范区均已成立由省领导牵头的示范区建设领导小组，统筹协调各项建设工作，并成立专门推进机构，落实人员编制，为示范区建设提供专门的支撑服务。截至 2020 年 10 月，各示范区共成立专门推进机构 5 家：桂林可持续发展促进中心、深圳市可持续发展研究院、郴州市可持续发展促进中心、临沧市可持续发展创新中心、承德市可持续发展促进服务中心。太原市科技局设立专职科室“可持续发展办公室”。同时，郴州、临沧、承德的市辖区县也成立了推进示范区建设领导小组，以促进基层对于示范区建设的落地工作。各地通过探索形式多样的工作推进机制，进一步完善示范区建设的制度保障。

（三）专项资金具体推进

太原市设立可持续发展科技专项，每年安排 1 亿元科技专项资金，围绕水污染、大气污染等开展关键技术研发和工程示范。深圳市在科技计划体系中专门设立“可持续发展科技专项”，聚焦资源高效利用、生态环境治理、健康深圳建设、社会治理等民生科技领域，支持科学研究与技术开发、科技成果应用与示范。湖南省每年安排 1 亿元科技专项经费，支持郴州示范区开展技术研发和集成应用。河北、广西、云南每年分别安排 5000 万元引导资金支持示范区开展科技创新。

第三节　国家区域可持续发展的基本思路

根据当前国内外可持续发展新形势和新要求，需要从总体规划、科技支撑等方面，进一步推进示范区优化空间布局、完善体制机制、扩大社会影响。

一、构建可持续发展实验示范体系

进一步加强示范区和实验区的统筹规划与协同发展，促进国家有关可持续发展的重大改革措施在示范区和实验区集成落地，探索以科技为核心的可持续发展问题系统解决方案，充分发挥示范区和实验区在创新驱动发展战略和可持续发展战略实施中的示范引领作用，形成可持续发展实验示范体系。一是加强与国务院办公厅沟通协调，推动枣庄等第三批示范区获国务院批复；二是完成对现有 189 个实验区的梳理复核工作，根据新形势遴选 100 个左右实验区继续开展建设；三是立足新形势新要求，研究制定创新支撑可持续发展实验示范体系建设的指导性文件。

二、强化科技支撑

进一步强化科技支撑可持续发展。促进相关企业、高校和科研院所围绕示范区需求开展技术服务、技术合作，与有关单位合作开展科技成果直通车开进示范区活动，促进国家科技计划和科技奖励形成的优秀成果在示范区率先落地转化。依托“十四五”国家重点研发计划相关重点专项，聚焦各示范区发展瓶颈和迫切需求，启动实施一批科技研发项目。推进绿色技术银行与示范区建设衔接，为节能减排、生态建设、绿色产业发展等提供技术与金融支持。促进各示范区根据当地特点，与有关国家科技创新基地（平台）开展合作，提升示范区科技支撑绿色产业发展的能力。

三、扩大社会影响

在对示范区建设的成果与亮点进行系统的梳理总结，发布年度建设进展报告的基础上，进一步加强示范区经验模式凝练，梳理可持续发展典型案例集。加强与媒体和学术期刊等的合作，开展建设成效专题报道和交流。通过举办城市可持续发展创新论坛，重点围绕科技支撑城市碳达峰、碳中和等可持续发展重点难点问题广泛开展研讨和交流。

四、加强能力建设

不断完善示范区评估指标体系，定期对示范区开展建设成效评估。以实验区和示范区相关管理人员为重点对象，组织开展可持续发展理论、政策工具等培训，交流示范区建设工作经验，提升示范区管理水平。扩充咨询委员会及工作专家组，吸收一批科研和生产一线的中青年骨干，形成多层次的专家队伍，为示范区和实验区建设提供智力支持。

参考文献

[1] 约瑟夫·熊彼特．经济发展理论［M］．北京：商务印书馆，1990.

[2] 霍国庆，杨阳，张古鹏．新常态背景下中国区域创新驱动发展理论模型的构建研究［J］．科学学与科学技术管理，2017，38（6）：77-93.

[3] LUNDVALL B Å. National systems of innovation：towards a theory of innovation and interactive learning［J］．The learning economy and the economics of hope，2016（13）：85.

[4] COOKE P. Regional innovation systems：competitive regulation in the new Europe［J］．Geoforum，1992，23（3）：365-382.

[5] MASKELL P，MALMBERG A. Localised learning and industrial competitiveness［J］．Cambridge journal of economics，1999，23（2）：167-185.

[6] KIRAT T，LUNG Y. Innovation and proximity：territories as loci of collective learning processes［J］．European urban and regional studies，1999，6（1）：27-38.

[7] TRIPPL M，GRILLITSCH M，ISAKSEN A. Exogenous sources of regional industrial change：attraction and absorption of non-local knowledge for new path development［J］．Progress in human geography，2018，42（5）：687-705.

[8] 王焕祥，孙斐．区域创新系统的动力机制分析［J］．中国科技论坛，2009（1）：36-40.

[9] ASHEIM B T，ISAKSEN A. Regional innovation systems：the integration of local ‘sticky’ and global ‘ubiquitous’ knowledge［J］．The journal of technology transfer，2002，27（1）：77-86.

[10] ASHEIM B T，COENEN L. Knowledge bases and regional innovation systems：comparing nordic clusters［J］．Research policy，2005，34（8）：1173-1190.

[11] ISAKSEN A，TRIPPL M. 4 path development in different regional innovation systems：a conceptual analysis［J］．Innovation drivers and regional innovation

strategies routledge，2016（6）：82-100.

［12］巨文忠，张淑慧，赵成伟．国家创新体系与区域创新体系的区别与联系［J］．科技中国，2022（3）：1-4.

［13］刘冬梅，冉美丽．国家创新体系视阈下区域创新的边界、内涵与政策启示［J］．科技中国，2022（2）：1-5.

［14］储节旺，曹振祥．综合性国家科学中心情报保障体系和运行模式构建：以合肥为例［J］．图书情报工作，2018，62（8）：5-13.

［15］国务院．关于印发上海系统推进全面创新改革试验加快建设具有全球影响力科技创新中心方案的通知［S］．国发〔2016〕23号，2016.

［16］张耀方．综合性国家科学中心的内涵、功能与管理机制［J］．中国科技论坛，2017（6）：5-12.

［17］刘冬梅，赵成伟．成渝地区建设全国科创中心的路径选择［J］．开放导报，2021（3）：72-79.

［18］刘冬梅，赵成伟．东北地区建设区域科创中心构想［J］．开放导报，2021（6）：62-70.

［19］赵正国．我国如何建设国家技术创新中心［J］．科学学研究，2018，36（7）：1180-1187.

［20］申红艳，张士运．打造四大科创平台，助力科技成果转移转化［N］．科技日报，2021-08-23（8）.

［21］陈钰．我国区域创新格局的中长期回顾与展望［J］．全球科技经济瞭望，2021，36（7）：24-34.

［22］王罗汉，赵成伟．开放创新政策体系的构建与思考［J］．全球科技经济瞭望，2022，37（3）：46-51.